2019 年天津市哲学社会科学规划项目资金资助

项目名称：新时代高职院校思想政治理论课
实践教学研究

项目编码：TJKSWT1928(一般委托)

项目负责人：王丽华

新时代高职院校思想政治理论课实践教学研究

天津市哲学社会科学规划研究项目成果

陈浩男　邵芳菲　王丽华——著

天津社会科学院出版社

图书在版编目（C I P）数据

新时代高职院校思想政治理论课实践教学研究 / 陈浩男，邵芳菲，王丽华著. -- 天津 : 天津社会科学院出版社，2022.9
ISBN 978-7-5563-0849-1

Ⅰ. ①新… Ⅱ. ①陈… ②邵… ③王… Ⅲ. ①思想政治教育－教学研究－高等职业教育 Ⅳ. ①G711

中国版本图书馆 CIP 数据核字(2022)第 173908 号

新时代高职院校思想政治理论课实践教学研究
XINSHIDAI GAOZHI YUANXIAO SIXIANG ZHENGZHI LILUNKE SHIJIAN JIAOXUE YANJIU
责任编辑：吴 琼
责任校对：王 丽
装帧设计：高馨月
出版发行：天津社会科学院出版社
地 址：天津市南开区迎水道 7 号
邮 编：300191
电 话：（022）23360165
印 刷：高教社（天津）印务有限公司
开 本：787×1092 1/16
印 张：12
字 数：180 千字
版 次：2022 年 9 月第 1 版 2022 年 9 月第 1 次印刷
定 价：78.00 元

前　言

自党的十八大以来,思想政治教育和思想政治理论课(以下简称思政课)已愈来愈引起党和国家的高度重视。伴随着党和国家对思想政治教育和思政课重视程度的不断提高,作为高等教育的重要组成部分的高等职业教育(以下简称高职教育,本书中的高职教育特指从事专科层次的高等职业教育)的思想政治教育和思政课也迎来了快速发展的机遇期。受到高等职业院校(以下简称高职院校,本书中的高等职业院校特指从事专科层次职业教育的高等职业院校)人才培养模式、思政课师资层次、高职学生状况、思政课教师师生比等多种主客观因素的影响,高职院校中的思政课实践教学虽然改革尝试不断,但高职思政课实践教学的受众面和总体效果并没有如预期的理想。2019 年 3 月 18 日习近平总书记主持召开了学校思想政治理论课教师座谈会明确指出,推动思想政治理论课改革创新必须要坚持“八个相统一”。这其中就包括要“坚持理论性和实践性相统一”。习近平总书记说:“用科学理论培养人,重视思政课的实践性,把思政小课堂同社会大课堂结合起来,教育引导学生立鸿鹄志,做奋斗者。”高职教育与普通高校教育(本书中的普通高校教育特指从事本科层次的普通高等教育)之间既有共性又有特性。因此,在新时代背景下探索构建出一套能够体现出高职教育特色的思政课实践教学体系就显得尤为迫切和重要。

2019 年 4 月 9 日,中共中央政治局委员、天津市委书记李鸿忠同志到我校(天津职业大学)进行了养老专业建设的考察调研工作,并主持召开了我校相关师生代表座谈会。在此次师生代表座谈会上,我校马克思主义学院陈浩男老师向李鸿忠书记介绍了我校思政课教育教学在贴近专业建设方面的情况,并就下一步依托我市哲学社会科学基金研究项目,针对高职院校思政课实践教学体系构建进行更为深入研究的思路进行了汇报。陈浩男老师的研究汇报得到了李鸿忠书记的高度肯定,并指示一定要组建起最强的研究团队,踏实、深入地进行研究,让研究成果成为我市示范,乃至全国的研究典范。李鸿忠书记指示后,我校党委高度重视,组建了由我校马克思主义学院王丽华教授牵头的高水平研究团队,并多次与市规划办领导沟通协商具体研究内容,最终确定以“新时代高职院校思想政治理论课的实践教学研究”为题开展相关研究工作。

本书即为天津市2019年度哲学社会科学规划委托项目“新时代高职院校思想政治理论课实践教学研究”(项目编码TJKSWT1928)的最终研究成果,也是“天津市高校思想政治理论课名师工作室——王丽华名师工作室”和教育部高校示范马克思主义学院优秀教学科研团队建设项目(16JDSZK042)中的阶段性成果。由陈浩男、邵芳菲、王丽华三位老师共同执笔完成,其中陈浩男撰写第一章至第五章,邵芳菲和王丽华共同撰写第六章,王丽华教授最终审核定稿。力求在前人有关高校思政课实践教学的研究和实践基础之上,明确高职教育在我国高校教育(本书中的高校教育特指高等职业教育和普通本科教育为主要组成部分的高等教育)中的特有地位以及高职教育与普通高校教育的异同,严格贯彻落实习近平总书记在全国思想政治理论课教师座谈会上的重要讲话精神以及《关于深化新时代学校思想政治理论课改革创新的若干意见》《新时代高校思想政治理论课教学工作基本要求》等文件中有关思政课实践教学的要求,阐明高职院校加强思政课实践教学体系构建的重要意义。结合笔者当前所在单位和地区高职院校思政课实践教学的现状,总结优秀经验并反思还有待突破的瓶颈,最终探索构建出既体现高职教育特性又符合思想政治教育共性的高职院校思政课实践课教学体系与运用方法,为新时代高职院校思政课实践教学改革创新提供有益的参考和启示。

目　录

第一章
高职教育在我国高校教育中的地位

“高职教育”是一个将“高等教育”和“职业教育”两个概念复合而成的非常具有“中国特色”的词语，至今不同学者从不同的侧重角度对高职教育的理解和诠释也不尽相同，但无论如何理解和诠释高职教育的内涵，都不能忽视高职教育同时具备的“高等”和“职业”这两个鲜明的属性。

中华人民共和国成立以来，特别是20世纪70年代末以来，我国的高职教育经历了从无到有、由小到大、从弱到强的发展历程，时至今日，与我国经济社会发展同步伐逐步发展起来的高职教育已经成为我国高校教育体系中的重要组成部分。伴随着中国特色社会主义步入新时代，我国的高职教育发展也同样迎来了全新的发展机遇与挑战。明确高职教育在我国高校教育中的地位，对于高职教育抓住新的发展机遇、迎接面临的新挑战都具有十分重要的意义，也是高职院校立足自身定位进行思政课实践教学改革创新的前提和基础。

第一节　高职教育是高校教育的重要组成部分

隶属于第三级教育层次的职业教育和技术教育的高职教育为我国的经济社会发展培养出了大批面向基层、生产、服务和管理等一线岗位上的高素质高技能人才。时至今日,高职教育已经成为我国高校教育体系中的重要组成部分之一,占据了我国高校教育的“半壁江山”。

早在20世纪90年代,在1996年5月15日由第八届全国人民代表大会常务委员会第十九次会议通过的、同日由中华人民共和国主席令第六十九号公布的、自1996年9月1日起施行的《中华人民共和国职业教育法》①第三条明确规定,“职业教育是国家教育事业的重要组成部分,是促进经济、社会发展和劳动就业的重要途径”。而在2022年4月20日第十三届全国人民代表大会常务委员会第三十四次会议重新修订的《中华人民共和国职业教育法》②第三条规定直接表述为“职业教育是与普通教育具有同等重要地位的教育类型,是国民教育体系和人力资源开发的重要组成部分,是培养多样化人才、传承技术技能、促进就业创业的重要途径”。

对于高职教育是高校教育的重要组成部分的认识,在我国即将进入新世纪之际也有过明确的表述。中共中央、国务院在1999年6月印发了《关于深

① 中华人民共和国中央人民政府官网,http://www.gov.cn/banshi/2005-05/25/content_928.htm,2005-05-25。

② 全国人民代表大会官网,http://www.noc.gov.cn/npc/c30834/202204/04266548708f44afb467500e809aa9cf.shtml,2022-04-20。

化教育改革，全面推进素质教育的决定》[①]，在该《决定》的第二部分“深化教育改革，为实施素质教育创造条件”中就明确指出：“高等职业教育是高等教育的重要组成部分。要大力发展高等职业教育，培养一大批具有必要的理论知识和较强实践能力，生产、建设、管理、服务第一线和农村急需的专门人才。现有的职业大学、独立设置的成人高校和部分高等专科学校要通过改革、改组和改制，逐步调整为职业技术学院（或职业学院）。支持本科高等学校举办或与企业合作举办职业技术学院（或职业学院）。省、自治区、直辖市人民政府在对当地教育资源的统筹下，可以举办综合性、社区性的职业技术学院（或职业学院）。”

在我国刚刚迈入21世纪之时，2000年1月17日，教育部就印发了《教育部关于加强高职高专教育人才培养工作的意见》[②]（教高〔2000〕2号）的文件，其中再次指出，“高职高专教育是我国高等教育的重要组成部分，培养拥护党的基本路线，适应生产、建设、管理、服务第一线需要的，德、智、体、美等方面全面发展的高等技术应用型专门人才；学生应在具有必备的基础理论知识和专门知识的基础上，重点掌握从事本专业领域实际工作的基本能力和基本技能，具有良好的职业道德和敬业精神”。

在2002年8月24日，国务院印发了《国务院关于大力推进职业教育改革与发展的决定》[③]（国发〔2002〕16号）文件，该《决定》中的第一条就指出，“职业教育为初、高中毕业生和城乡新增劳动者、下岗失业人员、在职人员、农村劳动者及其他社会成员提供多种形式、多种层次的职业学校教育和职业培训，是我国教育体系的重要组成部分，是国民经济和社会发展的重要基础”。

---

① 中华人民共和国教育部官网，http://www.moe.gov.cn/jyb_sjzl/moe_177/tnull_2478.html，1999-06-13。

② 中华人民共和国教育部官网，http://www.moe.gov.cn/s78/A08/tongzhi/201007/t20100729_124842.html，2000-01-17。

③ 中华人民共和国中央人民政府官网，http://www.gov.cn/gongbao/content/2002/content_61755.htm，2002-08-24。

在《国务院关于大力推进职业教育改革与发展的决定》印发一年多之后，教育部在 2004 年 4 月印发了《教育部关于以就业为导向深化高等职业教育改革的若干意见》[①]（教高〔2004〕1 号）文件。该《意见》开篇就指明，“高等职业教育是我国高等教育体系的重要组成部分，也是我国职业教育体系的重要组成部分。近几年，高等职业教育呈现出前所未有的发展势头，高等职业院校数、在校生数和毕业生人数持续增长，其规模已占普通高等教育的一半左右。以就业为导向，切实深化高等职业教育改革，是满足我国社会发展和经济建设需要、促进高等职业教育持续健康发展、办人民满意教育的关键环节”。

以上列举的仅仅是明确写明了职业教育、高职教育是我国教育体系、高校教育中的重要组成部分的法律和文件中的相关表述内容。实际上自 20 世纪 70 年代末以来，国家和教育部印发的关于职业教育和高职教育的每一个文件中其实都体现出了高职教育在我国教育体系中尤其是在高校教育中的重要地位和作用。经历了新中国七十多年特别是改革开放四十多年不断发展壮大的我国高职教育已经成为高校教育的重要组成部分之一，其具体表现可以体现在如下两个方面。

一、高职教育办学规模不断壮大

2020 年 7 月 9 日，教育部发布了我国的“全国高等学校名单”[②]，截至 2020 年 6 月 30 日，除港澳台地区的高等学校之外，我国共有高等学校总计 3005 所，其中，普通高等学校 2740 所，成人高等学校 265 所。在 2740 所普通高等学校中，本科院校 1258 所、高职（专科）院校 1482 所。高职（专科）院校的数量占到了普通高等学校的 54.09%，占到了高等学校的 49.32%。根据《中国统

---

① 中华人民共和国教育部官网，http://old.moe.gov.cn//publicfiles/business/htmlfiles/moe/moe_737/201001/xxgk_79654.html，2004-04-02。

② 中华人民共和国教育部官网，http://www.moe.gov.cn/jyb_xxgk/s5743/s5744/202007/t20200709_470937.html，2020-07-09。

计年鉴 2019》[①]的相关数据显示，截至 2018 年底，不含港澳台地区，我国共有高等学校总计 2940 所，其中普通高等学校 2663 所，成人高等学校 277 所。在 2663 所普通高等学校中，本科院校 1245 所，高职（专科）院校 1418 所。通过对比可以发现，截至 2020 年 6 月 30 日，我国高等学校总计增加 65 所，增长率为 2.21%，普通高等学校共增加了 77 所，增长率为 2.89%。成人高等学校减少了 12 所，下降率为 4.33%。在增加的 77 所普通高等学校中，本科院校只增加了 13 所，增长率为 1.04%，而高职（专科）院校却增加了 64 所，增长率达到了 4.51%。这一系列的数字变化已经能够从一个侧面反映出，随着高职教育办学数量的不断增加，高职教育已经成为我国高校教育中不可或缺的重要组成部分。

在中华人民共和国成立之初，受到苏联经验的影响（苏联没有高等专科层次教育），也为了尽快实现国家的工业化，填补我国在国家工业化过程中所需要的技术技能型工人缺口，从中央到地方的工业、农林、交通运输、财经贸易等国民经济主管部门就把着眼点重点放在了人才培养周期较短、实用性较强的中等职业教育上，从而创办了一大批中等专业技术学校。根据中华人民共和国教育部计划财务司 1984 年编制出版的《中国教育成就统计资料 1949—1983》的统计数据显示，截至 1950 年底，我国共有中等专业学校数 1086 所，在这 1086 所普通中专学校中，中等技术学校有 500 所，当时在校生人数为 9.8 万人，当年的招生人数为 5.3 万人，当年的毕业生人数为 2.2 万人[②]。这些数字虽然看似并不庞大，但在当年其实已经是一个非常可观的数字了，因为在 1950 年，当时我国全国的普通高等学校仅有 193 所，而普通高校的在校生人数也仅有 137,470 人，其中本科生人数为 124,650 人，专科生人数仅为 12,820 人，而当年的普通高等学校招生人数为 58,330 人，当年的毕业生人数也仅有

① 中华人民共和国国家统计局官网，http://www.stats.gov.cn/tjsj/ndsj/2019/indexch.htm，2019-09-01。

② 中华人民共和国教育部计划财务司：《中国教育成就统计资料 1949—1983》，北京：人民教育出版社，1984 年，第 20-27 页。

17,607人[①]。通过这一数据对比便能够明显地发现,1950年的中等技术学校这近十万在校学生不仅仅为我国的工业化培养出了当时最为急需的面向工业、农业、交通运输、财经贸易等生产一线的技术技能型工人,同时也为我国的职业教育和高职教育的发展奠定了坚实的基础。

这种探索到1960年达到了一个“顶峰”,同样根据《中国教育成就统计资料1949—1983》的统计数据显示,在1960年,我国的中等专业学校的数量达到了6225所,其中中等技术学校的数量高达4261所,占中等专业学校总量的68.45%,而此时中等技术学校的在校生人数也多达137.7万人,当年中等技术学校的招生人数更是达到了62.6万人,此数字在改革开放前仅次于1958年69.4万人。但随着我国社会主义建设探索进入了曲折时期,尤其到了“文革”期间,职业教育被错误地看作是“资产阶级‘双轨制’”的标志,因此大量从事职业教育的院校或是停办、撤并,或是改为普通中学,从而使得我国的职业教育发展经历了曲折。直到“文革”结束和改革开放的到来,对于高技术、高技能人才的迫切需求和渴望,使我国的职业教育获得发展,尤其是高职教育迎来了难得的发展机遇。

随着我国改革开放大幕的徐徐拉开,一大批高新技术和先进的仪器设备被引进国内,我国的传统产业结构和模式开始逐步调整,生产领域也从最初的传统的一般产品加工扩展到基础工业生产和基础设施建设,经济生产领域的科技水平含量的提升和产业结构和模式的变化,都使得我国对技术技能人才的需求从最初的数量需求转到了数量、质量双需求的新高度。从这种变化可以发现,发展高等职业教育,已经成为我国改革开放、经济建设和社会发展的一种迫切需要。高职教育就开始逐步走入了我们的视野。

1980年10月,经原国家教委批准,由南京市政府创办的南京“金陵职业大学”(现金陵科技学院)的成立标志着在改革开放后,一种不同于传统高等

① 中华人民共和国教育部计划财务司主编《中国教育成就统计资料1949—1983》,人民教育出版社,1984,第50、63页。

教育，具有崭新的办学形式和办学类型的高等教育——高职教育的诞生。在当时，为适应我国改革开放步伐的不断加快，给我国的经济社会发展较快的地区提供强有力的技术技能人才支撑，在1980年当年，原国家教委批准建立了包括金陵职业大学、合肥联合大学、无锡职业大学、江汉大学、新疆职业大学等在内的我国首批13所职业大学。这13所职业大学的兴办，不仅仅解决了我国经济社会发展对高级技术人才需求的燃眉之急，从此也正式拉开了我国高职教育初步探索发展的起步。

自改革开放后，我国的高职教育大体经历了探索发展——规范发展——规模发展——内涵发展几个阶段。尤其是20世纪的八九十年代从探索、规范到规模发展的时期，一方面因为我国的高职教育发展一直处于不断探索、改革的时期，另一方面也由于当时统计对象和分类等客观因素影响，在这一时期很难找到非常精确的数字来佐证从事高职教育的院校的具体数量和发展规模。但随着进入21世纪以后我国对高职教育模式探索的定型和高职教育开始从规模发展转向内涵发展，我国的高职教育开始成为我国高校教育的重要组成部分。据《中国统计年鉴2006》的相关统计数据显示[1]，截至2005年，我国共有普通高等学校1792所，其中本科院校有701所，专科院校有1091所。在1091所专科院校中，职业技术学院达到了921所。当年，普通本专科招生数为5,044,581人，其中本科招生数为2,363,647，专科招生数为2,680,934人；普通本专科在校学生数为15,617,767人，其中本科在校学生数为8,488,188人，专科在校学生数为7,129,579人；普通本专科毕业生数为3,067,956人，其中本科毕业生数为1,465,786人，专科毕业生数为1,602,170人。这一系列的数字充分表明，在此时，我国的高职教育无论是在院校数量上，还是在招生规模、在校学生人数和毕业学生数量上都已经占据了高校教育的“半壁江山”，高职教育已经成为我国高校教育体系中不可或缺的重要组成部分之一。

① 中华人民共和国国家统计局官网，http://www.stats.gov.cn/tjsj/ndsj/2006/indexch.htm，2006-09-01。

高职教育使得我国建成了世界上最大规模的专科层次的高职教育人才教育培养体系，拥有了大规模培养从事生产、服务和管理等一线工作岗位的技术技能型人才的能力，为我国经济社会快速发展提供了强有力的技术技能人才和智力支撑。

当然，在我们看到我国高职教育发展的可喜的成就和成绩的同时，也应该客观地看到，时至今日，我国的高职教育还有很大的继续努力和有待提高的空间。据《中国统计年鉴 2020》①的相关数据显示，截至 2019 年底，全国 1265 所本科院校中共有教职工人数 1,866,619 人，其中专任教师 1,225,310 人；而 1423 所高职（专科）院校中仅拥有教职工人数 699,400 人，其中专任教师也仅为 514,436 人。无论是教职工人数还是专任教师人数，高职（专科）院校都不足本科院校的一半。在学生数量大体相同的大背景下，加强师资队伍建设也就应该成为今后一段时间内高职（专科）院校必须要重视的内容之一。

高职教育已经成为我国高技教育的重要组成部分，主要表现在高职院校的数量、在校生学生人数规模和高职教育专业的开设和设置涵盖范围方面等几个方面。这两点仅仅是高职教育已经成为我国高校教育重要组成部分的重要表现特征之一。

二、高职教育专业设置范围广泛

高职教育是伴随着我国改革开放而逐步兴起、规范和发展壮大的。并且，高职教育的兴起就是以服务各地区和地方急需的面向生产、服务和管理一线的技术技能型人才为目的。因此，高职教育对人才培养的专业设置也是随着我国对高职教育探索发展而逐步发展变化的，并带有鲜明的地域和时代色彩。

① 中华人民共和国国家统计局官网，http://www.stats.gov.cn/tjsj/ndsj/2020/indexch.htm，2020-09-01。

在高职教育的专业开设和设置方面，以笔者所在的天津职业大学[①]为例。天津职业大学是我国改革开放初期接受世界银行贷款、政府重点扶持的全国17所职业大学之一。于1983年由天津大学化工分校改建成立，天津大学化工分校的前身则是南开大学第二分校。改建更名为天津职业大学进行职业教育后，学校首批仅开设了工业热能利用、工业环境保护和工业企业管理三个专业，共招收了121名新生。为了适应天津经济社会发展对技术技能型人才的需要，学校不断适时调整和开发新专业。截至1995年，学校由建校初的3个系3个专业，发展到5个系以及夜大、塘沽办学点共15个专业。招生生源由单一的高中生源扩大到中等职业学校毕业生。1995年底在校生达1500余人。

1998年至2001年间，学校又新增专业18个，调整、合并专业9个，至2001年底，学校共有招生专业31个，初步形成了专业门类比较齐全、相互支撑的专业结构布局。到2001年底学校各类在校生达5300余人。到2007年12月，学校招生专业达到了49个，其中，2003年新增计算机应用技术、法律事务、酒店管理（BTEC）、包装技术与设计、生物技术及应用5个专业；2004年新增3个专业；2005年新增3个专业；2007年学校通过市场调研，新增了嵌入式技术与应用、化工装备技术、人力资源管理、印刷设备及工艺4个专业。截至2020年7月，天津职业大学的10个二级学院，开办本科专业（联合培养）7个、专科专业54个；有在校生1.7万人，其中专科生16,000余人，应用型本科生900余人。至此，基本形成了以工为主，经、管、文等专业门类协调发展的专业结构布局。

与天津职业大学大体同时期开始试办高职教育的，以洛阳市大专走读班为前身，于1982年11月成立的洛阳职业大学（1985年更名为洛阳大学、2007年与洛阳工业高等专科学校合并组建升格为洛阳理工学院）在创办高职教育之初，其专业开设与设置从1980年开始设立的英语、医疗2个专业逐步发展到1992年包括英语、医疗、汉语言文学、数学、财会、日语、金材及热处理、工民建、工业统计、中文秘书、企业管理、化工机械、电子计算机、文物考古、外贸英

① 天津职业大学官网，http://www.tjtc.edu.cn/xxgk.htm，2020-09-11。

语、商装美术、技术经济、石油化工、环保监测、商业管理、矿山地质工程、机电一体化、历史、焊接、外贸经济、食品工艺、化工机械、机制、工厂电器、金属防腐等34个专业①。

天津职业大学与洛阳职业大学的专业开设和设置的发展变化过程都能够从一个侧面反映出高职教育的专业设置与我国经济社会发展和高职教育的发展壮大历程是同步同频的。随着我国对高职教育的不断重视,对于高职教育的专业设置从国家层面也在不断地加以规范和完善。

为引导我国高职高专教育能够持续健康发展,也为了不断扩大高等学校办学的自主权,更为了高职高专教育专业管理的科学运行机制能够尽快形成,教育部在2004年10月19日就印发了《教育部关于印发〈普通高等学校高职高专教育指导性专业目录(试行)〉的通知》②(教高〔2004〕3号)文件。在《普通高等学校高职高专教育指导性专业目录(试行)》中共设置了包括农林牧渔、交通运输、生化与药品、资源开发与测绘、材料与能源、土建、水利、制造、电子信息、环保气象与安全、轻纺食品、财经、医药卫生、旅游、公共事业、文化教育、艺术设计传媒、公安和法律共19个大类、78个专业类在内的共计1170个专业。这一版《目录》虽为试行版,但它的颁布对于我国高职教育的改革、创新与发展都具有全局性的重要意义和作用,其从国家层面上规范了高职教育的专业开设与设置,是当时国家对高职高专教育进行宏观管理的一个基础性指导文件,它不仅成为高职院校的专业设置、调整与管理,人才培养方案的制定、教学的组织开展,学校招生及学生就业安排等工作的重要指导,也成了各级行政管理部门进行教育统计和人才预测等方面工作的主要依据,更成了为社会、企业等用人单位选用高职学校毕业生的一个重要参考。对于高职院校改革创新人才培养模式、提升人才培养质量等多方面都具有十分重要的现实

① 陈英杰:《中国高等职业教育发展史研究》,中州古籍出版社,2007,第73页。

② 中华人民共和国教育部官网,http://old.moe.gov.cn/publicfiles/business/htmlfiles/moe/s3877/201010/xxgk_110109.html,2004-10-22。

意义和作用。

伴随着我国经济社会的快速发展和我国高职教育从规模发展转向内涵发展的趋势,为了贯彻落实中共中央、国务院关于加快发展现代职业教育的决策部署和重要举措,为了推进教育治理体系与治理能力现代化,推动高职教育改革创新发展,加快发展现代职业教育,构建起现代职业教育体系,为了使高职教育能够主动适应我国经济发展新常态和我国经济的提质增效、转型升级,实施"互联网+"行动、"中国制造 2025"等国家战略对高职院校专业设置和人才培养提出的新要求以及新技术、新产品、新业态、新商业模式导致新的职业(群)不断涌现和战略新兴产业兴起,行业交叉发展的新情况要求形成与之相适应的技术技能型人才培养结构和专业衔接体系,同时弥补高职院校专业设置自身逐渐暴露出的诸如试行版《专业目录》外专业大量增加,现有的专业大类、专业类难以涵盖所有专业;部分新设专业名称不够规范,内涵不够清晰;一些专业口径设置过宽或过窄,有些甚至交叉重复设置等一些问题,使高职教育更加适应经济社会发展需求和人的全面发展需要,在《普通高等学校高职高专教育指导性专业目录(试行)》颁布施行 11 年之后,教育部于 2015 年 10 月 26 日印发了《教育部关于印发〈普通高等学校高等职业教育(专科)专业设置管理办法〉和〈普通高等学校高等职业教育(专科)专业目录(2015 年)〉的通知》①(教职成〔2015〕10 号)文件。

与 2004 年试行版的《专业目录》相比,2015 年修订形成的《普通高等学校高等职业教育(专科)专业目录(2015 年)》在体系结构、专业划分、专业设置等方面都做了非常大的调整。

首先是在结构体系方面新增加了"专业方向举例""主要对应职业类别""衔接中职专业举例"和"接续本科专业举例"四项内容。其中列举出了"专业方向举例"746 个、"主要对应职业类别"291 个、"衔接中职专业"306 个、"接

① 中华人民共和国教育部官网,http://www.moe.gov.cn/srcsite/A07/moe_953/201511/t20151105_217877.html,2015-10-28。

续本科专业”343个。这就使得职业教育的专业与专业方向、对应职业类别、衔接专业的关系更加明确清晰。

其次是在专业划分方面参照我国的《国民经济行业分类》门类、大类划分,同时也兼顾中职专业类、本科学科门类和专业类划分。2015版《专业目录》较试行版《专业目录》虽然依旧维持原来的19个专业大类没有变化,但其中的排序、划分和一些称谓都进行了调整。例如,试行版《专业目录》中“生化与药品大类”和“轻纺食品大类”这两个专业大类调整变化为“生物与化工大类”“轻工纺织大类”和“食品药品与粮食大类”三个专业大类;试行版《专业目录》中的“资源开发与测绘大类”和“环保、气象与安全大类”两个专业大类合并成为“资源环境与安全大类”一个专业大类;同样,试行版《专业目录》中“公安大类”和“法律大类”两个专业大类也合并成为“公安与司法大类”一个专业大类。这样的调整变化就使得高职教育中的专业大类更加对应产业,而专业类更加对应行业。而在“专业大类”下的“专业类”设置方面,为了贴合国家行业大类的调整,也为了适应国家重点产业发展需要和本科专业类的调整变化。例如,我国在2011年颁布的《国民经济行业分类》中设置了“交通运输、仓储和邮政业”大类;对应粮食、食品安全、健康服务业发展和2012年修订的本科专业目录中增设了物流管理与工程类、电子商务类等专业类。因此,在2015版《专业目录》中也对应增设了“邮政类”“粮食工业类”“粮食储检类”“食品药品管理类”“健康管理与促进类”“物流类”“电子商务类”等专业类。从而使得15版《专业目录》在保持19个“专业大类”数量不变的基础上,“专业大类”下的“专业类”从原来的78个增加到99个。

最后是在专业设置方面,一是保留符合我国产业发展实际和趋势,对应的职业岗位比较成熟稳定,专业布点广泛、就业去向明确、名称科学合理的专业。如“种子生产与经营”“数控技术”“电子信息工程技术”“临床医学”“国际商务”等专业。二是对于专业名称不够科学规范、不能完全体现专业内涵,或是需根据相对应的产业转型升级与技术进步而应进行调整的专业进行更名。例如，试行版《专业目录》中的“设施农业技术”更名为“设施农业与装备”；“粉末冶金技术”更名为“金属精密成型技术”；“印刷图文信息处理”更名为“数字图文信息技术”；“新型纺织机电技术”更名为“纺织机电技术”等。三是将专业内涵相近、核心课程基本相同，或专业口径太窄的专业进行合并。例如，试行版《专业目录》中的“园艺技术”“都市园艺”“设施园艺工程”和“商品花卉”四个专业合并为“园艺技术”专业；试行版《目录》中的“工程造价”“国际工程造价”和“安装工程造价”三个专业合并为“工程造价”专业；试行版《专业目录》中的“钟表设计”“眼镜设计”和“灯具设计与工艺”专业合并为“产品艺术设计”专业。四是对于相对应的产业为淘汰类、限制类，或者已经不再符合高职教育培养定位的相关专业予以了取消。例如，试行版《专业目录》中的“森林采运工程”“中西医结合”“杂技表演”“教育管理”“幼儿园管理”“劳教管理”等专业都被取消。五是对于能够适应产业转型与升级，或是产业链有相互之间交叉延伸的专业，抑或是为某些新兴职业与技术进步提供支撑的专业予以了新增。例如，2015 版《专业目录》中就增加了“移动应用开发”“云计算技术与应用”“物联网工程技术”“清洁生产与减排技术”“互联网金融”等专业。六是为推动民族文化传承与创新，还新增加了“民族文化”这一专业类，在这一专业类下新增设了诸如“民族表演艺术”“民族传统技艺”等凸显“民族文化”特色的新专业。正因为这样的一些调整，从而使得 2015 版《专业目录》专业总数由原来的 1170 个调减成了 748 个，其中保留下的专业有 264 个，占专业总数的 36%；更名的专业有 167 个，占专业总数的 22%；试行版《专业目录》中的 701 个专业合并调整为 243 个专业，其占专业总数的 32%；新增加专业 74 个，占专业总数的 10%；取消的专业有 68 个，占原专业总数的 5.81%。

纵观整个 2015 版《专业目录》中的专业设置虽然看似比试行版《专业目录》中专业减少了 422 个，但 2015 版《专业目录》中的专业更加适应现代产业发展的新要求，其专业设置涉及第一产业的专业有 51 个，第二产业的专业有 295 个，第三产业的专业有 402 个，三大产业涉及的专业数量比为 6.8 :

39.4∶53.8,这一比例凸显了2015版《专业目录》中的专业设置更加符合当前我国产业结构升级与调整的需要。例如,在2015版《专业目录》中设置的“现代农业技术”“休闲农业”“生态农业技术”“农村经营管理”“动物医学”“绿色食品生产与检验”等专业,就是为了适应了我国现代农业发展需要;设置的“铁道装备”“船舶与海洋工程装备”“航空装备”“汽车制造”“工业机器人技术”“物联网应用技术”“物联网工程技术”“智能产品开发”“工业网络技术”“无人机应用技术”“新能源汽车技术”“新能源装备技术”等专业也符合国家先进制造业发展需要。在“健康管理与促进”“电子商务”“物流”“民族文化”“文化服务”等专业类中所设置的“互联网金融”“移动商务”“网络营销”“品牌代理经营”“冷链物流技术与管理”“采购与供应管理”“体育运营与管理”“健身指导与管理”“民族传统技艺”“文化创意与策划”等专业,就是为了满足我国现代服务业及新业态、新商业模式发展需要。除此之外,2015版《专业目录》依照高职教育的人才培养目标与规格,将专业大类与产业相对应,专业类与各个行业相对应,专业与职业岗位群或技术领域相对应,从而更加凸显了高职教育的职业性和高等性双重的教育属性,进一步促进了高职教育的专业设置管理与产业发展需求、课程教学内容与职业岗位标准、教育教学过程与生产实践过程、毕业证书与职业资格证书、职业教育与终身学习等多个领域的直接衔接对应,使得高职教育更好地服务我国经济社会发展和人的全面发展。更为值得一提的是,2015版《专业目录》也并不是一成不变的,随着我国经济社会的发展变化,2015版《专业目录》在2016年、2017年、2018年和2019年分别增设了13个、6个、3个和9个共计31个新专业。

为了贯彻落实我国“十四五”国家经济社会发展和2035年远景目标对于职业教育提出的新要求。2021年3月21日,教育部在2015版《专业目录》的基础上重新印发了最新修订的《职业教育专业目录(2021年)》[①]。在最新版

① 中华人民共和国教育部官网,http://www.moe.gov.cn/srcsite/A07/moe_953/202103/t20210319_521135.html,2021-3-21。

的《专业目录》中更是明确了247个高职本科专业。这就更加凸显了高职教育专业设置的与时俱进性。

总而言之，无论是高职教育的办学规模不断壮大还是高职教育的专业设置范围逐步广泛，都强有力地证明了，时至今日，高职教育已成为我国高校教育体系中不可或缺的重要组成部分之一。

第二节　高职教育与普通高校教育同等重要

在中国特色社会主义进入新时代的今天，伴随着改革开放而发展壮大起来的我国高职教育已经不仅仅成为我国高校教育的重要组成部分之一，并且已经与普通高校教育具有了同等重要的地位与作用。国务院在2019年1月24日印发的《国务院关于印发国家职业教育改革实施方案的通知》[①]（国发〔2019〕4号）文件中开篇的第一句话就指出，“职业教育与普通教育是两种不同教育类型，具有同等重要地位”。新修订的职业教育法首次以法律形式明确“职业教育是与普通教育具有同等重要地位的教育类型”。通过回顾和梳理我国高职教育的发展壮大历程便不难发现，虽然当下从事高职教育的主体的高职院校大部分仍属于高校专科层次办学，但办学层次并没有影响到高职教育与普通高校教育具有同等重要地位与作用，这种同等重要的地位与作用可从如下两个方面充分而具体地体现。

① 中华人民共和国中央人民政府官网，http://www.gov.cn/zhengce/content/2019-02/13/content_5365341.htm，2019-01-24。

一、国家对高职教育的重视程度不断提升

随着改革开放以来我国对职业教育的大力发展,在1980年第一批职业大学创办的经验基础上,我国的第五届全国人民代表大会第五次会议在1982年12月10日批准通过的《中华人民共和国国民经济和社会发展第六个五年计划(1981—1985)》[①]中的“第四编中的第二十八章‘高等和中等专业教育’里的第一节‘普通高等学校’”的第一标题内容——“大学本科和专科”中就明确提出:“试办一批花钱少、见效快、酌收学费、学生尽可能走读、毕业生择优录用的专科学校和短期职业大学。”这是我国改革开放以来,也是中华人民共和国成立以来第一次从国家发展层面明确要发展高职教育。在这一文件精神的指引下,1983年原国家教委又批准建立了33所职业大学,并且在同年,国务院也批准了由教育部、财政部、国家计委、对外经济贸易部这四部委于1983年3月31日向国务院送交的《关于利用世界银行贷款促进广播电视大学及短期职业大学发展的请示》,从世界银行争取到了3500万美元的贷款,在全国遴选出了包括天津职业大学在内的16所职业大学(后因北京职业大学的两个学院独立设置为两所学校,故现在常称17所职业大学)给予贷款支持,集中人力、物力和财力支持其发展建设。随后的1984年和1985年原国家教委又先后批准建立了共计44所职业大学。据统计,从1980年到1984年,全国共兴办82所短期职业大学,在校生规模达到1万—2万人[②]。职业大学在巅峰时发展到了120多所。

1984年4月23日至29日,经教育部同意和支持,由江汉大学、金陵职业大学、成都大学、无锡职业大学、合肥联合大学和杭州工专这6所学校共同发

① 全国人民代表大会官网,http://www.npc.gov.cn/wxzl/gongbao/1982-11/30/content_1478459.htm,1982-12-10。

② 李蔺田:《中国职业技术教育史》,高等教育出版社,1994,第554页。

起的“全国短期职业大学第一次校际协作会议”在武汉市江汉大学举行，来自全国20个省、市的37所学校的79名校、处级代表参加了此次会议。此次会议的召开也成为我国高职教育步入蓬勃发展阶段的一个重要标志性事件。

1985年5月27日颁布教育改革文件《中共中央关于教育体制改革的决定》[①]。其第三部分“调整中等教育结构，大力发展职业技术教育”中强调，“发展职业技术教育要以中等职业技术教育为重点”，在充分发挥中等专业学校的骨干作用的同时，要“积极发展高等职业技术院校，优先对口招收中等职业技术学校毕业生以及有本专业实践经验、成绩合格的在职人员入学”。文件还明确指出“高中毕业生一部分升入普通大学，一部分接受高等职业技术教育”，要“逐步建立起一个从初级到高级、行业配套、结构合理又能与普通教育相互沟通的职业技术教育体系”。虽然直到20世纪90年代末以前，我国的职业教育的都是以中等职业教育为发展重点。但通过这一文件中对于高职教育的发展定位和表述能明显发现，高职教育在此时已经越来越引起我们的广泛关注和重视。

为了贯彻落实好《中共中央关于教育体制改革的决定》的文件要求和精神，明确、研究和处理好有关职业教育的改革和发展任务、工作方针和政策措施等一系列问题，1986年7月2日至6日，经国务院批准，由国家教委、国家计委、国家经委和劳动人事部联合组织的中华人民共和国成立后第一次全国职业技术教育工作会议在北京召开。时任我国国务院副总理兼国家教委主任的李鹏同志主持会议，并作了大会总结。当时的国家教委党组书记、副主任何东昌作了工作报告，国家计委、经委、劳动人事部的负责人也与会发表了讲话。此次会议的召开不仅仅是新中国成立以来从总体上研究和部署职业教育工作的一次空前的盛会，更是自党的十一届三中全会以来我国教育体制改革方面初见成效的一个显著标志，对我国职业教育的发展具有里程碑式的重要意义。

---

① 中华人民共和国教育部官网，http://www.moe.gov.cn/jyb_sjzl/moe_177/tnull_2482.html，1985-05-27。

也就是在这次会议上,“高等职业教育”一词的具体含义第一次从官方层面正式提出并进行了诠释,明确了高等职业学校、部分广播电视大学、高等专科学校等都属于职业教育层面的高等教育。同年的12月15日,国务院发布的《国务院关于发布〈普通高等学校设置暂行条例〉的通知》[①](国发〔1986〕108号)文件,在其第三章“学校名称”中的第十五条也明确规定,“称为高等职业学校的,须符合下列规定:(一)主要培养高等专科层次的专门人才;(二)以职业技术教育为主;(三)全日制在校学生计划规模在一千人以上。但边远地区或有特殊需要的学校,经国家教育委员会批准,可以不受此限”。这是我国第一次明确规定了“高等职业学校”的设置要求,当然,通过规定也不难发现,此时的高职教育虽然仍属于普通高校的专科教育层次。但以职业大学的创办为标志,我国的高职教育已经开始逐步兴起并不断发展壮大。

进入20世纪的90年代后,我国的高职教育发展势头依然不减。国务院于1991年10月17日印发了《国务院关于大力发展职业技术教育的决定》[②](简称《决定》)(国发〔1991〕55号)文件。这一《决定》是对党的十三届七中全会中关于大力发展职业教育决策的具体化,充分体现了党和国家对我国职业教育的高度重视和关心,同时也为今后十余年我国职业教育的改革与发展指明了方向。《决定》明确提出要“初步建立起有中国特色的,从初级到高级、行业配套、结构合理、形式多样,又能与其他教育相互沟通、协调发展的职业技术教育体系的基本框架”。并且在第二部分“积极贯彻大力发展职业技术教育的方针”中针对高职教育也明确提出,要“积极推进现有职业大学的改革,努力办好一批培养技艺性强的高级操作人员的高等职业学校”。

两年多后,国务院于1994年7月3日又印发了《国务院关于〈中国教育改

① 中华人民共和国教育部官网,http://www.moe.gov.cn/s78/A02/zfs__left/s5911/moe_620/tnull_3134.html,1986-12-15。

② 中华人民共和国教育部官网,http://www.moe.gov.cn/s78/A07/s8347/moe_732/tnull_816.html,1991-10-17。

革和发展纲要〉的实施意见》[1](国发〔1994〕39号),文件明确指出,要"有计划地实行小学后、初中后、高中后三级分流,大力发展职业教育,逐步形成初等、中等、高等职业教育和普通教育共同发展、相互衔接、比例合理的教育系列",并"通过改革现有高等专科学校、职业大学和成人高校以及举办灵活多样的高等职业班等途径,积极发展高等职业教育"。《纲要》中提出的"高等专科学校""职业大学"和"成人高校"改革在当时尤为引人关注,因为这三种学校同属专科层次,又都具有较为相近的人才培养目标,但却分属于"高等专科教育""高等职业教育"和"成人高等教育"三种不同类型的高等教育之中,这一改革举措现在人们通常称其为"三教统筹"或者"三教合流",其重大意义就在于确定了我国高职教育发展的主要路径。

为了贯彻落实好《中国教育改革和发展纲要》提出的关于职业教育的发展要求,并且通过切实可行的改革与建设举措,真正促进已经建立起来的职业大学实现更高质量的发展,使其在我国高等职业教育的发展和经济社会建设中发挥出更大的积极作用,原国家教委在1995年10月6日印发了《关于推动职业大学改革与建设的几点意见》(教职〔1995〕12号)文件,该《意见》中明确指出,"必须进一步明确,职业大学是我国高等教育的一种办学形式,是高等职业教育的重要组成部分""职业大学属国家承认学历的全日制普通高等学校,其招生、在校生和毕业生待遇等方面执行普通高等院校有关的政策""职业大学要保持相对稳定,要在办学特色上下功夫,今后职业大学不再改名高等专科学校"。至此,在国家文件规定的层面上正式确认了职业大学是我国高等教育的办学形式之一,也是国家承认学历的全日制高等学校,还是高职教育的重要组成部分之一。

步入21世纪后,我国的高职教育发展从20世纪八九十年代的探索发展、规范发展、规模发展转向内涵发展阶段。教育部在2006年11月16日印发了

---

① 中华人民共和国教育部官网,http://old.moe.gov.cn//publicfiles/business/htmlfiles/moe/moe_177/200407/2483.html,1994-07-03。

《教育部关于全面提高高等职业教育教学质量的若干意见》①(教高〔2006〕16号)文件,该《意见》中明确指出,“各级教育行政部门和高等职业院校要深刻认识全面提高教学质量是实施科教兴国战略的必然要求,也是高等职业教育自身发展的客观要求。要认真贯彻国务院关于提高高等教育质量的要求,适当控制高等职业院校招生增长幅度,相对稳定招生规模,切实把工作重点放在提高质量上”。并且从八个方面详细规定了高职教育可持续发展的规划和要求,该《意见》的颁布体现了国家从顶层设计的角度明确了高职教育必须坚持内涵发展的方式,其在当时成为我国高职教育内涵式发展的纲领性文件。

在中国特色社会主义步入新时代后,随着 2019 年《国家职业教育改革实施方案》(职教 20 条)的发布,我国高职教育发展不仅仅步入了快车道,也步入了新纪元。该《方案》以习近平新时代中国特色社会主义思想为指导,认真贯彻落实党的十九大精神,按照习近平总书记关于教育的重要论述和全国教育大会精神的要求,提出了我国关于职业教育继续深化发展的一系列新的目标、新的论断和新的要求,即我国新时代办好职业教育的顶层设计和施工蓝图。该《方案》开篇的第一句话就提到“职业教育和普通教育是两种不同的教育类型,具有同等重要地位”。这是非常重要的一个新判断,可以说是开启了我国职业教育发展的新征程,其中不仅提出了深化职业教育改革的路线图、时间表、任务书,还明确了今后五年我国职业教育的工作重点,为实现职业教育 2035 年的中长期目标以及 2050 年的远景目标奠定了重要基础。

《国家职业教育改革实施方案》发布实施以来,为加快推动职业教育尤其是高职教育的发展,对标本科高校“双一流”建设,2019 年 4 月,教育部、财政部先后联合印发了《教育部、财政部关于实施中国特色高水平高职学校和专业建设计划的意见》②(教职成〔2019〕5 号)和《教育部、财政部关于印发〈中国特

① 中华人民共和国教育部官网,http://www.moe.gov.cn/srcsite/A07/s7055/200611/t20061116_79649.html,2006-11-16。

② 中华人民共和国教育部官网,http://www.moe.gov.cn/srcsite/A07/moe_737/s3876_qt/201904/t20190402_376471.html,2019-04-01。

色高水平高职学校和专业建设计划项目遴选管理办法(试行)〉的通知》[①](教职成〔2019〕8 号)文件,这两个文件的出台标志着高职教育的"双高计划"建设正式启动实施。2019 年 12 月 10 日,教育部、财政部正式公布了《教育部、财政部关于公布中国特色高水平高职学校和专业建设计划建设单位名单的通知》[②](教职成函〔2019〕14 号)文件,首批共计批准了 197 所高职院校的"双高"建设,其中中国特色高水平高职学校 56 所(A 档 10 所、B 档 20 所、C 档 26 所),中国特色高水平专业群学校 141 所(A 档 26 所、B 档 59 所、C 档 56 所)。其覆盖了 18 个高职专业大类。并且,从 2019 年 6 月至 2020 年 1 月,教育部先后两批共公布了 21 所职校正式升格成为本科层次职业院校,职业教育的学历提升"立交桥"正式打通。

为了深入具体地贯彻落实好《国家职业教育改革实施方案》的相关精神,不断提升职业教育人才培养质量,加快推进职业教育现代化发展。2020 年 9 月 16 日,由教育部、国家发展改革委、工业和信息化部、财政部、人力资源社会保障部、农业农村部、国务院国资委、国家税务总局和国务院扶贫办共九个部门联合印发了《职业教育提质培优行动计划(2020—2023 年)》[③]。在该《计划》中至 2023 年职业教育发展要达到的五个主要目标中的第三个目标明确指出,"职业教育与普通教育规模大体相当、相互融通,职业学校办学定位清晰,专业设置和人才供给结构不断优化,每年向社会输送数以千万计的高质量技术技能人才"。并且在重点任务中明确提出,要"稳步发展高层次职业教育"。不仅明确提出"把发展本科职业教育作为完善现代职业教育体系的关键一环,培养高素质创新型技术技能人才,畅通技术技能人才成长通道"。并且还指

① 中华人民共和国中央人民政府官网,http://www.gov.cn/xinwen/2019-04/19/content_5384426.htm,2019-04-16。

② 中华人民共和国教育部官网,http://www.moe.gov.cn/srcsite/A07/moe_737/s3876_qt/201912/t20191213_411947.html,2019-12-10。

③ 中华人民共和国中央人民政府官网,http://www.gov.cn/zhengce/zhengceku/2020-09/29/content_5548106.htm,2020-9-16。

出,要“稳步推进本科层次职业教育试点,支持符合条件的中国特色高水平高职学校建设单位试办职业教育本科专业”。更要“根据产业需要和行业特点,适度扩大专业学位硕士、博士培养规模,推动各地发展以职业需求为导向、以实践能力培养为重点、以产学研用结合为途径的专业学位研究生培养模式”。通过该《计划》我们不仅仅能够看到职业教育改革创新以不断提升人才培养质量的具体目标和要求,还可以看到我国职业教育的学校层次结构将更加合理,职业教育发展制度将更加健全。

伴随着2021年4月全国职业教育大会的召开,习近平总书记对职业教育工作作出重要指示①,习近平总书记在充分肯定了“在全面建设社会主义现代化国家新征程中,职业教育前途广阔、大有可为”的同时,高屋建瓴地指出职业教育的发展必须“要坚持党的领导,坚持正确办学方向,坚持立德树人,优化职业教育类型定位,深化产教融合、校企合作,深入推进育人方式、办学模式、管理体制、保障机制改革,稳步发展职业本科教育,建设一批高水平职业院校和专业,推动职普融通,增强职业教育适应性,加快构建现代职业教育体系,培养更多高素质技术技能人才、能工巧匠、大国工匠”。同时,还要求“各级党委和政府要加大制度创新、政策供给、投入力度,弘扬工匠精神,提高技术技能人才社会地位,为全面建设社会主义现代化国家、实现中华民族伟大复兴的中国梦提供有力人才和技能支撑”。为贯彻落实好习近平总书记有关职业教育的重要指示和全国职业教育大会精神,在新时代继续深入推动现代职业教育的高质量发展,中共中央办公厅和国务院办公厅于2021年10月12日印发了《关于推动现代职业教育高质量发展的意见》②,该《意见》从“总体要求”“强化职业教育类型特色”“完善产教融合办学体制”“创新校企合作办学机制”“深化教育教学改革”“打造中国特色职业教育品牌”和“组织实施”共七大部分、二

① 新华网官网,http://www.xinhuanet.com/politics/leaders/2021-04/13/c_1127324347.htm,2021-04-13。

② 中华人民共和国中央人民政府官网,http://www.gov.cn/gongbao/content/2021/content_5647348.htm,2021-10-12。

十二个方面规划出了今后一段时期如何推动我国职业教育高质量发展的总路线图，确定了“到2025年，职业教育类型特色更加鲜明，现代职业教育体系基本建成，技能型社会建设全面推进”，以及“到2035年，职业教育整体水平进入世界前列，技能型社会基本建成”这两个职业教育高质量发展的明确时间节点和需要完成的任务目标。

从国家对职业教育和高职教育出台的这一系列政策就能明显感受到国家对于职业教育和高职教育的高度重视。所以，时至今日，高职教育不仅仅是高校教育的重要组成部分之一，并且已经和普通高校教育具有同等重要的地位与作用。

二、国家富强、民族复兴的时代需要

随着国家对高职教育重视的程度不断提高，高职教育已经为我国经济社会发展培养了数以千万的面向生产、服务和管理一线的高技术高技能人才。尤其是我国要从“制造业大国”向“制造业强国”迈进的“中国制造2025”宏伟蓝图的描绘，以及实现社会主义现代化和建成社会主义现代化强国的建设目标，都为我国高职教育的深入发展提供了难得的历史和时代机遇。当然，这也给高职教育带来了更大的挑战。例如，“中国制造2025”的提出就意味着我国的制造业开始从原有的单纯追求速度规模的发展模式向更加注重质量和效益方面进行转变。在这一转变中要把创新作为推动制造业进一步发展提升的核心动力，尤其是要加强关键领域核心技术的创新研发，以及将研发成果向现实生产的转化应用放在首位，以切实提高我国制造业的科技含量和国际竞争力。要实现“中国制造2025”，归根到底需要有能够有效支撑起我国诸多制造行业创新发展的“人”，其中既需要有位于最顶端的高精尖的科技研发和创新科技人才，更要有能够立足于基层制造业岗位的千千万万的高素质、高技能的劳动人才。因此，要实现“中国制造2025”这一宏伟目标，作为我国高素质高技能人才培养主要平台和重要渠道的高职教育,势必要肩负起培养更多技能强、技术精、素质高的复合型人才的历史使命,从而满足"中国制造 2025"对高技术高技能型劳动人才的渴望与需求。

虽然当前我国从事高职教育的主力军仍是专科层次的高校,但随着我国经济社会的不断发展,高职教育势必会发挥出与普通高校教育同等重要的作用和贡献,而这种作用和贡献在当前已经开始逐步显现。根据 2021 年 8 月教育部公布的《2020 年全国教育事业发展统计公报》①的统计数字显示,仅 2020 年,我国普通本专科毕业生人数为 7,971,991 人,其中专科毕业生人数就为 3,766,894 人,占到了普通本专科毕业生人数的 47.25%,在招生人数方面,专科招生人数为 5,243,364 人,比本科招生人数多 812,210 人,占到当年普通本专科招生人数的 54.19%。专科在校生人数也达到了 14,595,488 人。占普通本专科在校生人数的 44.42%。对比《中国统计年鉴 2016》②和《中国统计年鉴 2011》③中有关教育的统计数据便能明显发现,截至 2020 年,我国专科学校的招生人数、在校生人数和毕业生人数比 2015 年分别增加了 1,759,053 人、4,109,368 人、和 543,968 人,分别提高了 50.48%、39.19% 和 16.87%。比 2010 年分别增加了 2,138,376 人、4,933,691 人和 603,184 人,分别提高了 68.87%、51.06% 和 19.07%。近十年来的这些数据其实就已经能够从一个侧面反映出高职教育为我国高技术高技能型人才培养所做出的显著贡献。

在 2018 年 10 月,为了贯彻落实好党的十九大精神和党中央、国务院一系列决策部署,以做大做强高技能人才队伍为统领,坚持问题导向、能力导向、市场导向,立足特点、聚焦重点、打造亮点,聚合各方力量,聚焦政策措施,全面加

---

① 中华人民共和国教育部官网,http://www.moe.gov.cn/jyb_sjzl/sjzl_fztjgb/202005/t20200520_456751.html,2020-05-20。

② 中华人民共和国国家统计局官网,http://www.stats.gov.cn/tjsj/ndsj/2016/indexch.htm.2016-09-01。

③ 中华人民共和国国家统计局官网,http://www.stats.gov.cn/tjsj/ndsj/2011/indexch.htm.2011-09-01。

强我国技能人才的培养、评价、选拔、使用、激励等工作，并借机借势借力推动我国技能人才工作取得新的突破、再上新台阶，人社部印发《技能人才队伍建设实施方案（2018—2020年）》[①]，同年11月，人社部相关负责人就《技能人才队伍建设工作实施方案（2018—2020年）》答记者问[②]中明确表示，截至当时，我国有技能劳动者人数仅为1.65亿人，仅占就业人员总量的21.3%；而在有技能劳动者中，高技能人才人数只有4791万人，只占到有技能劳动者总数的29%。这一数据比表明我国的有技能劳动者的数量还偏少，并且结构还不太合理，有高技能的人才严重缺乏，这种状况已经成为制约我国产业发展和企业竞争力提升的瓶颈。在未来的10年内，我国对技能劳动者尤其是高技能劳动者的需求还将不断增长。因此，在这样的时代大背景下，继续加大对技能人才的培养就具有非常重要的战略意义和现实价值。预计到2030年，我国的劳动力规模都将保持在8亿人以上，劳动力供大于求的就业总量压力还将持续一段时间。但与此同时，随着我国经济发展方式的不断转变、产业结构的深入优化升级和技术的革新进步以及城镇化进程的不断加快，劳动者技能水平素养与行业岗位需求不相匹配的就业结构性矛盾也将变得愈加凸显。近年来，有技能劳动者的求人倍率一直在1.5倍以上，高级技工的求人倍率甚至达到2倍以上的水平，技能劳动者尤其是高技能劳动者紧缺的现象已经开始从东部沿海地区逐步扩展到了我国的中西部地区，而且也从原来的季节性矛盾逐渐转变成了经常性矛盾。要缓解甚至有效化解我国技能劳动者尤其是高技能劳动者供求的结构性矛盾，也同样要求高职教育在今后很长一段时间内，必须发挥出自身在高技能劳动者培养方面的特有优势，结合本地区人才需求和国家长远人才培养战略，成为高素质高技能型劳动人才输出的重要力量，从而为我国高技术高技能型人才的培养而不懈奋斗和努力。

---

① 中华人民共和国中央人民政府官网，http://www.gov.cn/xinwen/2018-10/16/content_5331297.htm，2018-10-16。

② 中华人民共和国人力资源和社会保障部官网，http://www.mohrss.gov.cn/SYrlzyhshbzb/rdzt/bwcxljsm/xxxcgc/201811/t20181101_304061.html，2018-11-01。

我国在国家富强民族复兴过程中对于高技术高技能型人才的渴望和需求还直接地体现在继2019年政府工作报告中首次提出高职扩招100万人次后，在2020年的《政府工作报告》[①]中又明确提出，“今明两年职业技能培训3500万人次以上，高职院校扩招200万人，要使更多劳动者长技能、好就业”。高职教育连续两年持续扩招充分体现出了党和国家对职业教育尤其是对高职教育的肯定和所寄予的厚望，同时也赋予了高职教育新的职责和使命。高职教育的扩招不仅仅将为我国的现代制造业、现代服务业、现代农业等产业一线输送更多高素质的技术技能人才，还给予了诸如退伍军人、下岗工人、农民工等有志于提升自己、继续学习深造、习得一技之长的中青年更多机会，帮助他们成为更高端的技术技能人才，让更多人能够凭借自己的一技之长在国家经济建设中发挥出更大的作用，同时实现自己的人生价值。当然，高职扩招也要求高职教育要承担起更多提升劳动力素质、服务产业发展、促进就业创业、传承技术技能的经济社会发展重任。因此，高职教育持续扩招无论是从2020年疫情防控期间如何稳就业、促就业的短期角度来看，还是从经济社会发展对高素质技能人才的大量需求的长期角度看来都是十分必要而且意义重大的。

正是基于在实现国家富强、民族复兴过程中对于高技术高技能型劳动人才的强烈渴求的时代大背景下，才使得党和国家对职业教育尤其是高职教育的重视和支持力度不断提高。在国家有关职业教育尤其是高职教育的一系列支持政策下，高职教育对于我国在国家富强、民族复兴过程中所需的高技术高技能型人才培养成效也开始初步显现。2019年6月20日，由全国高职高专校长联席会议委托，上海市教育科学研究院和麦可思研究院共同编制，并由高等教育出版社出版的《2019中国高等职业教育质量年度报告》发布会在北京降重召开。这是2012年以来我国连续第八年发布高职教育质量年度报告，根据该报告的数据显示，截至2018年底，高职院校毕业生留在本地区就业的人数

① 中华人民共和国中央人民政府官网，http://www.gov.cn/guowuyuan/2020zfgzbg.htm，2020-05-22。

保持增长态势，留在本地区就业的毕业生人数占比接近毕业生总数的60%，仅2018年，高职教育就为世界500强和中国500强企业输送了超过25万名技术技能型人才。并且，统计数据还显示，高职毕业生进入中小微企业等基层服务岗位就业的人数占到了毕业生总数的60%以上，约有四分之一的高职毕业生在我国的西部地区和东北地区就业，成为支撑我国中西部以及东北地区产业发展和中小微企业发展壮大的重要新生力量。2021年5月21日发布的《2020中国职业教育质量年度报告》①中的数据显示2019届高职毕业生的就业分布在国民经济的各行各业，从2015到2019届的高职毕业生毕业半年后的就业率和专业对口率都分别稳定在90%和75%左右，高职毕业生毕业后留在当地就业的人数接近60%，同样，也有超过25%的高职毕业生毕业后会选择在西部或者东北地区进行就业，在中小微企业就职的高职毕业生人数有将近66%。这一系列的数字不仅仅能够反映出高职教育已成为其所在地区的技术技能人才储备中心，且其在提升劳动力素质、增强城市活力、推动区域产业迈向中高端发展水平、促进区域产业联动、企业合作等方面发挥出了较为重要的引领作用。高职教育在为我国西部和东北等经济欠发达地区留住人才、优化人力资源结构，承接东部地区产业转移、改善招商引资环境等方面发挥出了不可替代的重要作用。

综上所述，大力发展高职教育，不仅仅能够有效化解我国技能劳动者尤其是高技术高技能型人才供求的结构性矛盾，并且对于为我国的国家富强和民族复兴提供强有力的技术技能人才支撑等方面都具有十分重要的现实意义。因此，可以说时至今日，在助力国家富强、民族复兴高技术高技能型人才培养方面，高职教育已经初步显现出了与普通高校教育同样重要的作用。这也充分表明高职教育已经不仅仅是我国高校教育体系中不可分割的重要组成部分之一，并且已经和普通高校教育具有了同等重要的地位和作用。

---

① 中华人民共和国教育部官网，http://www.moe.gov.cn/jyb_xwfb/xw_zt/moe_357/2021/2021_zt10/zjsy/202105/t20210525_533422.html，2021-05-25。

第二章
高职教育与普通高校教育的异同

时至今日,高职教育虽然已经成为我国高校教育中的重要组成部分,并且和普通高校教育具有同等重要的地位,但不可忽视的是高职教育与普通高校教育除在学制、学历层次和招生对象等较为显现的方面存在明显的不同之外,高职教育在其人才培养定位、专业设置、课程开设和讲授方法以及师生状况等方面也和普通高校教育存在着较为明显的差异,只有搞清楚了高职教育与普通高校教育的异同,才能够更为精准地找到高职教育的定位和使命,而就思政课的教育教学而言,明确了高职教育与普通高校教育的异同,也能够避免高职院校的思政课实践教学成为普通高校思政课实践教学的简单复制,从而更好地突出高职教育的“高等”和“职业”这双重教育属性与特点。

第一节 人才培养定位方面的异同

随着我国的高等教育步入大众化阶段，作为高校教育重要组成部分的普通高校教育和高职教育已经为我国经济社会发展各个领域、各个行业培养出了越来越多的人才。虽然同属于高校教育，但高职教育和普通高校教育在人才培养定位方面还是存在着较为明显的异同点，具体体现在如下两个方面。

一、人才培养目标

人才培养目标不仅是对高校教育人才培养方向的指引，更是高校教育活动理念的体现以及高校教育人才培养使命的表达。无论是高职教育还是普通高校教育，其一切教育教学工作其实都是围绕“人才培养目标”这一核心而展开的。

2018 年新修订的《中华人民共和国高等教育法》[①]对我国的高校教育人才培养目标从国家层面以法律形式进行了明确的规定。其中的第四条、第五条和第五十二条分别明确规定，“高等教育必须贯彻国家的教育方针，为社会主义现代化建设服务、为人民服务，与生产劳动和社会实践相结合，使受教育者成为德、智、体、美等方面全面发展的社会主义建设者和接班人”“高等教育的任务是培养具有社会责任感、创新精神和实践能力的高级专门人才，发展科学

① 全国人民代表大会官网，http://www.npc.gov.cn/npc/c30834/201901/9df07167324c4a34bf6c44700fafa753.shtml，2019-01-07。

技术文化,促进社会主义现代化建设”“高等学校的学生应当遵守法律、法规,遵守学生行为规范和学校的各项管理制度,尊敬师长,刻苦学习,增强体质,树立爱国主义、集体主义和社会主义思想,努力学习马克思列宁主义、毛泽东思想、邓小平理论,具有良好的思想品德,掌握较高的科学文化知识和专业技能”。新修订的《中华人民共和国高等教育法》中的第十六条针对高校教育中的专科、本科和研究生这三个不同层次的高校教育应符合的学业标准分别作出了明确规定。其中,专科层次的学业标准为,“专科教育应当使学生掌握本专业必备的基础理论、专门知识,具有从事本专业实际工作的基本技能和初步能力”。本科层次的学业标准为,“本科教育应当使学生比较系统地掌握本学科、专业必需的基础理论、基本知识,掌握本专业必要的基本技能、方法和相关知识,具有从事本专业实际工作和研究工作的初步能力”。

通过对比新修订的《中华人民共和国高等教育法》中的有关专科层次和本科层次学业标准的规定就不难发现高职教育和普通高校教育在人才培养目标方面最为显著的异同点。因为其既从宏观层面规定了高校教育人才培养应达到的总体目标,也从微观层面规定了不同学历层次的高校教育应达到的具体目标。从中我们既可以明显看出要为社会主义现代化建设培养出德智体美全面发展的高级专门人才这一同属于高校教育的高职教育与普通高校教育在人才培养目标相同的共性要求,也可以明确看到在相同的总目标指引下,专科层次的高职教育人才培养强调在掌握必备的理论知识的同时,还应具有实际工作的基本技能。而本科层次的普通高校教育人才培养目标则突出要系统地掌握理论知识,除实际工作之外还要具有研究工作的初步能力。从而使得高职教育与普通高校教育这两类不同学历层次和教育类型的人才培养目标具有了各自不同的个性标准。从我国高校教育的发展历程来看,高职教育与普通高校教育无论是从国家的政策引领层面,还是高职教育与普通高校教育各级各类学校的具体人才培养目标的制定,都是《中华人民共和国高等教育法》中的人才培养目标的具体展开和细化。

二、人才培养规格

在高校教育人才培养目标指引下的人才培养规格既是对人才培养目标的具象化体现，也是对高校教育人才培养质量和人才培养标准要求的具体规范呈现；更是高校教育中各个学校、各个专业教学指导大纲与教学计划任务的制定、课程教学的组织实施以及最终教育教学质量效果的检验与评估的重要依据。因为高职教育与普通高校教育在人才培养目标方面既有共性要求，又有个性差异。因此，高职教育与普通高校教育在具体的人才培养规格方面也就自然而然地存在明显的异同点。

为了适应新时代对职业院校科学制订和实施专业人才培养方案、提高人才培养质量提出的新的更高要求，贯彻落实好党的十九大精神及全国教育大会部署要求，落实立德树人根本任务，弘扬工匠精神，适应技术进步和产业发展新要求以及《国家职业教育改革实施方案》对职业教育标准建设、提高人才培养质量作出的新部署。教育部于 2019 年 6 月 5 日印发了《教育部关于职业院校专业人才培养方案制订与实施工作的指导意见》[①]（教职成〔2019〕13 号）。该《意见》从明确培养目标与人才规格、规范课程设置、合理安排学时、强化实践环节、严格毕业要求、推动书证融通、加强分类指导等七个方面对职业院校专业人才培养方案制订提出了具体要求。在具体的人才培养规格方面，教育部职业教育与成人教育司在 2017 年 12 月 7 日印发了《关于征求对〈教育部关于职业院校专业人才培养方案制订工作的指导意见（征求意见稿）〉意见的函》[②]（教职成司函〔2017〕13 号）文件。和该《指导意见（征求意见稿）》同时下发的《职业院校专业人才培养方案体例框架和基本要求》中就

① 中华人民共和国中央人民政府官网，http://www.gov.cn/gongbao/content/2019/content_5437144.htm，2019-06-05。

② 中华人民共和国教育部官网，http://www.moe.gov.cn/s78/A07/A07_sjhj/201712/t20171207_320877.html，2017-12-07。

对职业教育人才培养规格作出了指导性要求。该《要求》明确规定“培养规格”是由素质、知识、能力这三个方面的内容共同组成。其中在“素质”方面的要求更是具体地指明，一是要具有正确的世界观、人生观、价值观。坚决拥护中国共产党领导，树立中国特色社会主义共同理想，践行社会主义核心价值观，具有深厚的爱国情感、国家认同感、中华民族自豪感；崇尚宪法、遵守法律、遵规守纪；具有社会责任感和参与意识。二是要具有良好的职业道德和职业素养。崇德向善、诚实守信、爱岗敬业，具有精益求精的工匠精神；尊重劳动、热爱劳动，具有较强的实践能力；具有质量意识、绿色环保意识、安全意识、信息素养、创新精神；具有较强的集体意识和团队合作精神，能够进行有效的人际沟通和协作，与社会、自然和谐共处；具有职业生涯规划意识。三是要具有良好的身心素质和人文素养。具有健康的体魄和心理、健全的人格，能够掌握基本运动知识和一两项运动技能；具有感受美、表现美、鉴赏美、创造美的能力，具有一定的审美和人文素养，能够形成一两项艺术特长或爱好；掌握一定的学习方法，具有良好的生活习惯、行为习惯和自我管理能力。这三个方面的素质要求就是包括高职教育在内的整个职业教育都必须要达到的人才培养规格标准。

为了贯彻落实好党的十八大以来，习近平总书记对高等教育发展作出的一系列重要指示，特别是习近平总书记提出的高等教育要做好为人民服务、为中国共产党治国理政服务、为巩固和发展中国特色社会主义制度服务和为改革开放和社会主义现代化建设服务的“四为服务”的要求。提高普通高校教育教学质量，实现普通高校实现内涵式发展。在 2018 年 1 月 30 日，由教育部高等学校教学指导委员会历时四年多编写而成的囊括了我国普通高校本科专业目录中全部 92 个本科专业类中的 587 个专业，涉及全国高校 56,000 多个专业点的《普通高等学校本科专业类教学质量国家标准》正式发布。尽管普通高校本科各专业类之间具体标准各不相同，但在该《国家标准》中各专业类的格式形式是大体一致的，都是主要包括了概述、适用专业范围、培养目标、培养规格、师资队伍、教学条件、质量保障体系和附录八个方面的主要内容。而在培养规格这一部分全都明确了各个专业的学制、授予学位、参考总学时或学分要求，并且也明确提出了对普通高校学生在政治思想道德、业务知识能力等方面的人才培养的基本目标要求。在政治思想道德素质方面，虽然各专业类的具体表述并不相同，但意思表达基本都是一致的。都是要求学生要具有坚持正确的政治方向，遵纪守法，愿为人民幸福、国家富强服务，要具有正确的世界观、人生观和价值观，具有高度的社会责任感，践行社会主义核心价值观，具备良好的科学、文化素养和心理素质，掌握认识世界、改造世界、保护世界的基本思路和方法，能够适应科学和社会的发展要求等。由此便可以明显发现，在高校教育人才培养目标总的共性目标的指引下，无论是高职教育还是普通高校教育其在人才培养规格的思想政治信念、爱国爱社会主义意识和科学价值取向等素质素养方面的要求是具有高度一致性的。

当然，因为当前绝大多数的高职教育与普通高校教育既隶属于不同教育层次，也分属不同的教育类型，所以高职教育与普通高校教育在人才培养规格方面也存在着较为明显的不同差异。在《职业院校专业人才培养方案体例框架和基本要求》的人才培养规格的能力要求中，就原则性地提出了职业教育的能力要求，应包括对通用能力和专业技术技能这两个方面的人才培养规格要求。在通用能力中更是明确列举出了，其应包括口语和书面表达能力，解决实际问题的能力，终身学习能力，信息技术应用能力，以及独立思考、逻辑推理、信息加工能力等。而在《普通高等学校本科专业类教学质量国家标准》中各专业类的人才培养规格中的能力要求中，除较为具体地规定了专业能力之外，对于本科各专业类基本都提及了外语、创新和发现、分析、解决问题的能力等通用能力的要求。由此可见，在人才培养规格方面，对于高职教育而言，其更多地关注学生在对本专业基础理论知识基础上的和其专业所密切对应的工作岗位所需要的，相关技术技能的熟练掌握和工匠精神的培养。而对普通高校教育而言，其更加关注的则是更为扎实的专业知识基础，较强的外语水平、创新意识和专业研究能力的具备和科学精神的培养。

由此可见,高职教育与普通高校教育在人才培养目标和人才培养规格方面既有着共性的要求,同时也存在着明显的个性差异。高职教育更加注重技术型、技能实用型人才的培养,而普通高校教育则更加注重理论型、学术型、研究型人才的培养。随着我国高等教育的发展尤其是高职教育深入发展,高职教育与普通高校教育人才培养目标和规格方面虽也在相互渗透借鉴,但基于不同类型的人才需求,这种人才培养目标和规格差异则是必须也是必然存在的。

第二节　专业设置方面的异同

随着我国高职教育的不断发展和对高职教育与普通高校教育人才培养定位的逐步细化明确,高职教育与普通高校教育的专业设置,在动态、规范调整专业设置以满足我国经济社会快速发展对人才需求的共性基础上,其二者的专业设置差异也愈发明显。这种差异主要体现在如下两个方面。

一、专业设置方式

第一章已经提及,教育部早在 2015 年 10 月 26 日就印发的《教育部关于印发〈普通高等学校高等职业教育(专科)专业设置管理办法〉和〈普通高等学校高等职业教育(专科)专业目录(2015 年)〉的通知》。以《普通高等学校高等职业教育(专科)专业目录(2015 年)》中所涉及的 19 个专业大类,99 个专业类,748 个专业为例,高职教育其专业设置是以“专业大类”—“专业类”—“专业名称”的逻辑结构方式展开的。当然,为了凸显高职教育的特性,对比 2004 年的《普通高等学校高职高专教育指导性专业目录(试行)》,在《普通高等学校高等职业教育(专科)专业目录(2015 年)》中还新增加了“专业方向举例”“主要对应职业类别”“衔接中职专业举例”“接续本科专业举例”这四项内容,从而明确了高职教育的专业与专业方向,其专业对应的职业类别和与该专业所衔接的中职或本科专业的关系。

与高职教育的“专业目录”相对应,在 2020 年 2 月 21 日,教育部印发了《教育部关于公布 2019 年度普通高等学校本科专业备案和审批结果的通知》[①]。在该《通知》中,公布了教育部根据《普通高等学校本科专业设置管理规定》(教高〔2012〕9 号)的要求,经申报、公示、审核程序与普通高等学校专业设置与教学指导委员会评议结果和征求有关部门意见而确定的 2019 年度普通高等学校新增备案的 1672 个专业、审批 181 个专业(含 130 个国家控制布点专业和 51 个目录外新专业)、调整学位授予门类或修业年限的 47 个专业以及撤销的 367 个专业。同时一并发布了在《普通高等学校本科专业目录(2012 年)》基础上,增补了的近年来批准增设的目录外新专业而形成的最新的《普通高等学校本科专业目录(2020 年版)》。在《普通高等学校本科专业目录(2020 年版)》中,普通高等学校本科专业目录共有“序号”“门类”“专业类”“专业代码”“专业名称”“学位授予门类”“修业年限”和“增设年份”八个部分组成。与高职教育的“专业目录”相比,在普通高校教育的“专业目录”中没有高职教育“专业目录”中的“专业方向举例”“主要对应职业类别”“衔接中职专业举例”“接续本科专业举例”四项内容,而是特别规定和明确了普通高等学校本科专业的“学位授予门类”“修业年限”和“增设年份”三项内容。除此之外,对比高职教育的“专业目录”还可以明显发现,普通高校教育的“专

---

① 中华人民共和国教育部官网,http://www.moe.gov.cn/srcsite/A08/moe_1034/s4930/202003/t20200303_426853.html,2020-02-21。

业目录”是以“门类”—“专业类”—“专业名称”的逻辑结构方式呈现，其与高职教育“专业目录”的“专业大类”—“专业类”—“专业名称”的逻辑结构虽然看似仅仅是把高职教育“专业目录”中的“专业大类”变为了“门类”，但这一变化就使得高职教育与普通高校教育的专业方式有着本质上的差别。具体来说，就是普通高校教育的专业是以科学门类结构体系为依托开设和设置，属于学科型专业设置，而高职教育的专业的开设和设置则更多的是依据社会职业需求，属于职业型专业设置。

当然，伴随着我国经济社会和高职教育的不断发展，高职教育的专业设置已经开始愈来愈注重与普通高校教育本科专业的衔接，从而满足我国经济社会对复合型人才的需求。这也使得高职教育和普通高校教育在专业设置方式上既有了一定的共性原则，也有着较为明显的个性差异。

二、专业设置导向

高职教育与普通高校教育在专业设置方式方面的差异，归根结底还是由于高职教育与普通高校教育在人才培养定位方面的差异，从而致使高职教育与普通高校教育在专业设置导向方面的异同所决定的。

正如上文所提及的在《普通高等学校高等职业教育（专科）专业设置管理办法》中在“第一章”总则的“第三条”就明确指出，“高校的高职专业设置要坚持以服务发展为宗旨，以促进就业为导向，遵循职业教育规律和技术技能人才成长规律，主动适应经济社会发展，特别是技术进步和生产方式变革以及社会公共服务的需要，适应各地、各行业对技术技能人才培养的需要，适应学生全面可持续发展的需要”。并且，在“第三章”中明确规定了高职教育“专业设置条件与要求”。其中对于“高校设置高职专业须具备以下基本条件”有五项规定，分别为“有翔实的专业设置可行性报告”“有科学、规范、完整的专业人才培养方案”“有完成专业人才培养所必需的教师队伍和教学辅助人员，且‘双师型’教师应具有一定比例”“具备开办专业所必需的经费和校舍、仪器设备、实习实训场所、图书资料等办学条件”以及“有保障开设本专业可持续发展的规划和相关制度”。并且明确提出“高校设置高职专业应紧密围绕经济社会和产业发展实际需求,注重结合自身的办学优势,重点发展与学校办学定位和特色相一致的专业”。

与《普通高等学校高等职业教育(专科)专业设置管理办法》相对应,早在2012年9月14日,教育部就印发了《教育部关于印发〈普通高等学校本科专业目录(2012年)〉〈普通高等学校本科专业设置管理规定〉等文件的通知》①(教高〔2012〕9号)文件,在《普通高等学校本科专业设置管理规定》中的“第一章”总则的第三条规定,“高校设置和调整专业,应主动适应国家和区域经济社会发展需要,适应知识创新、科技进步以及学科发展需要,更好地满足人民群众接受高质量高等教育需求;应遵循高等教育规律和人才成长规律,符合学校办学定位和办学条件,优化学科专业结构,促进学校办出特色,提高人才培养质量”。并且其第三章专业设置的第九条规定了高校设置专业须具备的六个条件分别为“符合学校办学定位和发展规划”“有相关学科专业为依托”“有稳定的社会人才需求”“有科学、规范的专业人才培养方案”“有完成专业人才培养方案所必需的专职教师队伍及教学辅助人员”“具备开办专业所必需的经费、教学用房、图书资料、仪器设备、实习基地等办学条件,有保障专业可持续发展的相关制度”。

通过高职教育和普通高校教育“专业设置管理规定”的对比就能够很容易地发现,高职教育和普通高校教育的“专业设置导向”存在明显异同点。其中相同点在于,无论是高职教育还是普通高校教育其,专业设置都必须适应国家经济社会发展对人才的需要,必须要符合学校办学定位,必须要遵循教育规律和人才成长规律,要有科学、规范的专业人才培养方案,要有完成专业人才

---

① 中华人民共和国教育部官网,http://www.moe.gov.cn/srcsite/A08/moe_1034/s3882/201209/t20120918_143152.html,2012-09-14。

培养方案所必需的师资、办学条件和有关制度。而不同点则是，在高职教育的“专业设置”中则重点强调了“高职专业应紧密围绕经济社会和产业发展实际需求”，在师资队伍中“双师型”教师应具有一定比例等凸显高职教育注重技术型、技能实用型人才培养的职业特色的专业设置条件和要求，在普通高校教育的“专业设置”中明确了普通高校教育专业还应该“适应知识创新、科技进步以及学科发展需要”和“有相关学科专业为依托”的专业设置要求和条件，从而突出了普通高校教育更加理论型、学术型、研究型人才培养的专业设置导向。

通过有关高职教育与普通高校教育在专业设置方式和专业设置导向的异同对比便可以发现，由于高职教育与普通高校教育人才培养定位的异同决定了高职教育与普通高校教育专业设置导向的异同，而高职教育与普通高校教育专业设置导向的异同也又就直接影响了高职教育与普通高校教育专业设置方式的异同。

第三节　课程教学方面的异同

高职教育与普通高校教育人才培养定位和专业设置方面的异同使高职教育与普通高校教育在课程教学方面同样存在着明显的异同点，具体体现在如下三个方面。

一、课程设置

《中华人民共和国高等教育法》[①]第三十四条规定,“高等学校根据教学需要,自主制定教学计划、选编教材、组织实施教学活动”。由此可见,无论是高职教育还是普通高校教育,课程设置属于由高等学校自主制定实施的教学活动。当然,自主制定实施并不意味着没有原则和方向可循。我国的教育部其实始终都在对高等教育的课程设置、教学和改革提供着政策性的指导。

在高职教育的课程设置方面,上文所提及的教育部于 2019 年 6 月 5 日印发的《教育部关于职业院校专业人才培养方案制订与实施工作的指导意见》(教职成〔2019〕13 号)文件中对于职业教育的课程设置明确规定“课程设置分为公共基础课程和专业(技能)课程两类”。并且要求“严格按照国家有关规定开齐开足公共基础课程”,高等职业学校“应当将思想政治理论课、体育、军事课、心理健康教育等课程列为公共基础必修课程,并将马克思主义理论类课程、党史国史、中华优秀传统文化、职业发展与就业指导、创新创业教育、信息技术、语文、数学、外语、健康教育、美育课程、职业素养等列为必修课或限定选修课”。对于专业(技能)课程设置应当“要与培养目标相适应,课程内容要紧密联系生产劳动实际和社会实践,突出应用性和实践性,注重学生职业能力和职业精神的培养。一般按照相应职业岗位(群)的能力要求,确定 6~8 门专业核心课程和若干门专业课程”。在该《意见》中,不仅仅对高职教育的课程设置给出了明确的指导,并且对于课程课时的安排也做出了较为具体的限定,其规定“三年制高职总学时数不低于 2500,鼓励学生自主学习,公共基础课程学时应当不少于总学时的 1/4。中、高职选修课教学时数占总学时的比例均应当不少于 10%。一般以 16—18 学时计为 1 个学分”“实践性教学学时原则

---

① 全国人民代表大会官网,http://www.npc.gov.cn/npc/c30834/201901/9df07167324c4a34bf6c44700fafa753.shtml,2019-01-07。

上占总学时数50%以上”。

在普通高校课程设置方面,同样从上文所提及的2018年发布的《普通高等学校本科专业类教学质量国家标准》中也可见一斑。在《普通高等学校本科专业类教学质量国家标准》中虽然对于所开设课程的归纳总结和称谓不尽相同,但全部92个本科专业类的587个本科专业全部整理罗列出了该专业所必须要开设的包括通识类、公共基础类、专业基础类、专业类和实践类等课程在内的课程体系。尽管不同专业对理论学习和实践学习的要求不太一样,但基本全部专业都较为细致地给出了必修课程与选修课程、通识课程与专业课程、理论课程与实验课程、课堂教学与社会实践等在总课程体系中所应占比重或者课时量要求等。甚至部分专业还在“附录”中较为详细地列出了该专业的所必需的核心课程有哪些。通过了解这些内容便不难发现,高职教育与普通高校由于其两者人才培养定位的共性使得二者在通识类课程或者公共基础类课程设置方面有着较大的共性,但由于其两者人才培养定位的个性差异自然也导致了高职教育的专业类课程设置更注重技术技能等动手能力的培养,而普通高校教育的专业类课程与该专业相关的核心知识的掌握或者思考等动脑能力的培养。

以笔者所在的天津职业大学为例,随着天津进入老龄化社会,养老服务已经成为关系民生、关系养老事业发展、关系天津千家万户“今天”和“明天”以及老年人切身利益的一个重要问题。为了切实建设好养老这一民生工程,推动天津市的养老事业发展,加强养老专业人才队伍建设。在2019年9月,天津职业大学与天津理工大学联合开办的全国第一个养老本科专业——“老年福祉与管理”专业迎来了首批30名新生。在“老年福祉与管理”专业的人才培养方案中详细地规定了该专业的通识教育课程、学科基础课程、专业课程等所开设的课程模块,其中社会工作导论、社会心理学、老年福利与社会保障、老年学概论、社会学概论、人类行为与社会环境、老年心理学、社会统计与调查方法、社会政策、女性学、老年伦理学11门课程既是该专业的学科基础课程,也是该专业核心课程。而同为养老方向的本校所开设的高职教育的老年服务与管理专业的人才培养方案中必修的专业(技能)课程为18门,分别是:职业道德、人体结构与机能、老年社会学、智慧养老与办公自动化技术、老年生活照料、老年基础护理、老年疾病预防及护理、老年心理照护、国际老龄化形势与实践、老年康复护理、老年营养与膳食、老年社会工作实务、老年文体活动策划与组织、护理管理、老年政策与法规、养老机构经营与管理、市场营销与客户关系管理、按摩保健技术。其中老年生活照料、老年基础护理、老年心理照护、老年康复护理、老年营养与膳食、老年社会工作实务、养老机构经营与管理7门课程为专业核心课程。通过笔者所在学校的相同方向不同层次类型的两个专业的课程设置比较就更能发现高职教育动手型的课程设置与普通高校教育动脑型的课程设置的显著差异了。

二、师生状况

课程教学是“教”与“学”的有机结合。要探讨高职教育与普通高校教育在教学方面的异同就不得不涉及“教”与“学”各自的主体,即高职教育与普通高校教育中教师与学生的异同。

(一)教师

无论是高职教师还是普通高校教师,首先他们都是我国广大教师队伍中的一员,对其共性的要求都必须遵守我国有关教师的各项法律与规定的要求,完成教师应完成的各项教育教学任务,肩负起教书育人的光荣使命,为我国的教育事业发展,尤其是新时代的教育事业发展做出自己应有的贡献。当然,具体到高职教育与普通高校教育中的教师则是属于我国广大教师队伍中的特定教师人群。就二者而言,在遵循和拥有教师所具有共性的同时,二者间的差异也是非常明显的。

在上文阐述高职教育与普通高校教育在专业设置方面的异同中就提及了,在《普通高等学校高等职业教育(专科)专业设置管理办法》中有关高职教育专业设置的条件与要求中"'双师型'教师应具有一定比例"就是其中的条件之一。

"双师型"教师就是党和国家充分考虑高职教育特性而针对高职教育教师所提出的特有要求。为了大力促进高职教育发展,在 2019 年年初出台的《国家职业教育改革实施方案》中的第 12 条就是"多措并举打造'双师型'教师队伍"。明确提出"建立健全职业院校自主聘任兼职教师的办法,推动企业工程技术人员、高技能人才和职业院校教师双向流动"。随后,2019 年 8 月 30 日,教育部、国家发展改革委、财政部和人力资源和社会保障部四部门联合印发了《教育部等四部门关于印发〈深化新时代职业教育"双师型"教师队伍建设改革实施方案〉的通知》[①](教师〔2019〕6 号)文件(简称《职教师资 12 条》),在该《实施方案》中,明确了推动职业教育教师"双师型"发展的十二项工作举措。并且开篇就明确指出"教师队伍是发展职业教育的第一资源,是支撑新时代国家职业教育改革的关键力量。建设高素质'双师型'教师队伍(含技工院校'一体化'教师,下同)是加快推进职业教育现代化的基础性工作"。并提出了"到 2022 年,职业院校'双师型'教师占专业课教师的比例超过一半"的具体目标要求。伴随着高职教育的不断发展,"双师型"教师势必会成为从事高职教育的专业课教师的"代名词"。

在职业教育百万扩招政策出台并落实以来,为贯彻落实好《国家职业教育改革实施方案》以及教育部、国家发展改革委、财政部、人力资源和社会保障部等六部门联合印发的《高职扩招专项工作实施方案》文件要求,积极主动应对高职教育扩招之后学生来源的多元化、学生发展需求的多样化等对高职教育教学带来的新要求新挑战,保障高职教育质量型扩招,全面提升高职教育人才

① 中华人民共和国教育部官网,http://www.moe.gov.cn/srcsite/A10/s7034/201910/t20191016_403867.html,2019-08-30。

培养质量。2019 年 12 月 23 日，教育部办公厅印发了《教育部办公厅关于做好扩招后高职教育教学管理工作的指导意见》①（教职成厅函〔2019〕20 号）文件，其中第五点就明确提出要“打造适应扩招新要求的教师队伍”，指出“要引导高职院校组建由学校教师与行业企业专家组成的教师教学创新团队，积极应变、主动求变，分工协作开展模块化教学，建立导师制、师徒制，强化个性化教学。支持团队针对高职扩招开展教育教学研究与实践，定期开展教研活动，研究解决教学组织运行、课程结构内容、学生管理与考核评价等方面的新情况、新问题，关注扩招生源对教学内容、培养方式等方面的意见建议”。

与从事高职教育的教师相对应，教育部早在 2006 年 9 月 28 日就印发了《教育部关于印发〈普通本科学校设置暂行规定〉的通知》②（教发〔2006〕18 号）文件，在《普通本科学校设置暂行规定》中的设置标准中就明确了普通高校教育师资队伍标准要求，其中明确规定“普通本科学校应具有较强的教学、科研力量，专任教师总数一般应使生师比不高于 18 ∶ 1；兼任教师人数应当不超过本校专任教师总数的 1/4”，并且称为“学院”的本科学校“在建校初期专任教师总数不少于 280 人。专任教师中具有研究生学历的教师数占专任教师总数的比例应不低于 30%，具有副高级专业技术职务以上的专任教师人数一般应不低于专任教师总数的 30%，其中具有正教授职务的专任教师应不少于 10 人。各门公共必修课程和专业基础必修课程，至少应当分别配备具有副高级专业技术职务以上的专任教师 2 人；各门专业必修课程，至少应当分别配备具有副高级专业技术职务以上的专任教师 1 人；每个专业至少配备具有正高级专业技术职务的专任教师 1 人”；称为“大学”的本科学校“专任教师中具有研究生学位的人员比例一般应达到 50%以上，其中具有博士学位的专任教师占专任教师总数的比例一般应达到 20%以上；具有高级专业技术职务的专任

① 中华人民共和国教育部官网，http://www.moe.gov.cn/srcsite/A07/moe_737/s3876_qt/201912/t20191227_413753.html，2019-12-23。

② 中华人民共和国教育部官网，http://www.moe.gov.cn/s78/A03/ghs_left/s181/201006/t20100602_88612.html，2006-09-28。

教师数一般应不低于400人,其中具有正教授职务的专任教师一般应不低于100人”。

时至今日,随着普通高校教育的不断发展,虽然《普通本科学校设置暂行规定》暂时还没有做出调整,但对于普通高校教育的师资队伍的要求已经越来越高了,教育部于2018年9月17日印发的《教育部关于加快建设高水平本科教育全面提高人才培养能力的意见》①(教高〔2018〕2号)文件中的第17点“提升教学能力”中明确提出,“大力推动两院院士、‘万人计划’专家、‘长江学者奖励计划’入选者、国家杰出青年科学基金获得者等高层次人才走上本科教学一线并不断提高教书育人水平”。

通过上述对高职教育与普通高校教育师资队伍的相关规定要求的对比便可以发现,由于人才培养定位的差异,高职教育中的教师尤其是专业课教师也要更加注重其技术技能型,而普通高校教育中教师尤其是专业课教师则更加注重对其所在学科或者专业领域的学术、理论的权威性和前沿性。

(二)学生

当下“00后”已经开始步入大学校园,无论是高职教育抑或是普通高校教育中的“00后”大学生,在他们的身上其实都有着属于“00后”所特有的一些共性特征。作为网络原住民的他们天性活泼、个性较强、愿意表达表现自我,对新鲜事物充满了好奇并且乐于接受新鲜事物,自信、开放、国际范是他们特有的优势。当然,他们也大多是伴随着改革开放成果显现而成长起来的独生子女,因此,享乐主义、拜金主义、精致的利己主义等错误人生观、价值观也可能同时在他们身上显现,并且他们不太容易被只言片语的大道理所说服。当然,由于我国当前区域发展还存在着不平衡的现象,不同地区间的“00后”大学生其具体特点是不尽相同的,但总体而言,当今“00后”大学生身上的共同

① 中华人民共和国教育部官网,http://www.moe.gov.cn/srcsite/A08/s7056/201810/t20181017_351887.html,2018-09-17。

时代烙印还是十分明显的。同样,高职教育与普通高校教育中学生在其共性特点下还是有着些许的细微差别。

高职教育中的学生生源来源较为广泛,秋季高考、春季高考、高职统考、中高职五年一贯制等都是高职教育的生源来源,并且随着高职扩招,退伍军人、农民工、下岗工人群体等同样也已成为高职教育的生源之一。与此相比,普通高校教育中的学生生源来源则较为统一,都是参加全国统一的秋季高考后达到了当地本科分数线的学生。这种生源来源的不同就使得高职教育中的学生与普通高校教育中的学生在以往的学习经历、学习习惯甚至知识技能储备等方面都会存在较为明显的差异。要做到因材施教,学生状况的差异和特点则是一个不可忽视的重要因素。

三、教学模式

所谓教学模式,可以通俗地理解为在一定教学思想或教学理论的指导下所建立起来的一个较为稳定的教学活动结构框架和教学活动程序。在人才培养定位、课程设置、师生状况等方面的异同点的影响下,具体到高职教育的教学模式与普通高校教育的教学模式也必然会存在着诸多的异同。

就其相同点而言,随着时代的快速发展进步,尤其是“互联网+”的逐步普及,整个教育领域都迎来了前所未有的机遇与挑战。如何顺应时代发展潮流,创新教育教学模式是当今时代留给每一个教育工作者必须要回答的问题。就高职教育与普通高校教育而言,正如上文所提及的,“00后”已经逐步成为大学生中的主力军。因此如何利用现代信息化技术手段构建起新的教学模式以保质保量地完成应有的教学任务已经成为包括高职教育与普通高校教育在内的每一名高校教师必须要思考的问题。其实,随着信息技术手段的不断发展和完善,“线上+线下”的混合式教学模式已经在大学的校园中悄然兴起。虽然当下对于混合式教学还有不少有待研究和完善的地方,但不可否认的是充分借助现代信息技术手段的混合式教学模式的出现使得传统课堂教学模式无论是从时间上还是从空间上都得到了有效延展,并且还改变了传统课堂教师“一言堂”“满堂灌”、学生被动接受知识的局面,充分地调动了学生学习的主动性和积极性。因此,对于充分融入现代信息技术手段和方法的教学模式,无论是有关高职教育还是有关普通高校教育的国家有关政策文件中都屡有提及。如《教育部办公厅关于做好扩招后高职教育教学管理工作的指导意见》中的第六点“创新教学组织形式”中就指出“要采取集中教学与分散教学相结合、校内教学与校外教学相结合、线上教学与线下教学相结合等方式,对非应届毕业生尤其是退役军人、下岗失业人员和农民工等应尽量单独编班或实施分层教学”。《教育部关于加快建设高水平本科教育全面提高人才培养能力的意见》中同样在其第17条中也明确指出,要“因校制宜,建立健全多种形式的基层教学组织,广泛开展教育教学研究活动,提高教师现代信息技术与教育教学深度融合的能力”。

当然,随着高职教育的不断发展,“教学做一体”“现代学徒制”“工学交替”“1+X证书”等一个个凸显高职教育职业性特点的理念和模式已经在高职教育中生根发芽,这些理念和模式都使得在高职教育中的教学模式绝不仅仅是教师在课堂上教授给高职学生某些基本理论知识和技能方法,更要在具有真实或者仿真的情景模拟实践中指导学生将所学的知识真正运用到实际的实践之中,并在实践中真正熟练掌握某一技术技能。而在普通高校教育的教学模式中则更加注重在教师知识传授基础上对于学生探究式学习、合作式学习等教学模式的运用,从而着重培养学生提出问题、分析问题以及解决问题的思维方式和能力。

由此可见,高职教育与普通高校教育在课程教学方面由于课程设置、师生状况、教学模式方面的异同点影响,其二者间整体的课程教学的异同点也是分明的。

第四节　思政课方面的异同

中共中央、国务院早在2004年10月14日所印发的《关于进一步加强和改进大学生思想政治教育的意见》(中发〔2004〕16号)文件中就明确指出,"高等学校思想政治理论课是大学生思想政治教育的主渠道。思想政治理论课是大学生的必修课,是帮助大学生树立正确的世界观、人生观、价值观的重要途径,体现了社会主义大学的本质要求"。

自党的十八大以来,思政课是以习近平同志为核心的党中央始终高度重视的重要内容之一,在2016年全国高校思政工作会议上,习近平总书记就明确指出,"做好高校思想政治工作,要因事而化、因时而进、因势而新。要遵循思想政治工作规律,遵循教书育人规律,遵循学生成长规律,不断提高工作能力和水平。要用好课堂教学这个主渠道,思想政治理论课要坚持在改进中加强,提升思想政治教育亲和力和针对性,满足学生成长发展需求和期待,其他各门课都要守好一段渠、种好责任田,使各类课程与思想政治理论课同向同行,形成协同效应"。在2019年3月18日,习近平总书记更是亲自主持召开了新中国历史上第一次学校思想政治理论课教师座谈会,并就思想政治理论课发表了重要讲话,2020年第17期《求是》杂志刊发了重要文章《思政课是落实立德树人根本任务的关键课程》,该文章就是习近平总书记在学校思想政治理论课教师座谈会上发表讲话高度提炼。文章一开篇就说,"思政课是落实立德树人根本任务的关键课程,思政课作用不可替代,思政课教师队伍责任重大"。从谆谆话语中,我们能够真切体会到以习近平同志为核心的党中央对思政课的高度关心与重视。

无论是高职教育中的思政课还是普通高校教育中的思政课都肩负着在新时代要贯彻落实好党的一系列教育方针路线,坚持社会主义的办学方向,坚持马克思主义指导地位,全面贯彻落实习近平新时代中国特色社会主义思想,落实立德树人的根本任务,坚持教育为人民服务、为中国共产党治国理政服务、为巩固和发展中国特色社会主义制度服务、为改革开放和社会主义现代化建设服务,扎根中国大地办教育,将教育同生产劳动和社会实践紧密相结合,加快推进教育现代化建设、建设社会主义教育强国、办好人民满意的教育,努力培养出堪当民族复兴大任的时代新人,培养出德智体美劳全面发展的社会主义建设者和接班人的光荣使命和责任。具体来说也就是要解决和回答好:培养什么人、怎样培养人、为谁培养人这三个最根本的问题。因此,高职教育中和普通高校教育中的思政课其共性原则和要求是远大于差异的。当然,由于高职教育和普通高校教育其在学制和人才培养定位上的不同,使得高职教育中的思政课和普通高校教育中的思政课还存在着一些细微的差别,但我们必须要明确,高职教育和普通高校教育中的思政课的差别仅仅是外在形式上的一种差别,绝不是内在目标要求上的差别。这种外在形式上的细微差别具体体现在如下两个方面。

一、开设课程

为贯彻落实好《中共中央、国务院关于进一步加强和改进大学生思想政治教育的意见》(中发〔2004〕16 号)和全国加强和改进大学生思想政治教育工作会议精神,充分发挥高等学校思政课在大学生思想政治教育中的主渠道、主阵地作用。中共中央宣传部和教育部早在 2005 年 3 月 2 日就联合印发了《〈中共中央宣传部、教育部关于进一步加强和改进高等学校思想政治理论课的意见〉实施方案》的通知[①]（教社政〔2005〕9号）文件，在该《方案》中关于高校思政课的开设明确规定本科院校要开设包括马克思主义基本原理（简称"原理"3学分）；毛泽东思想、邓小平理论和"三个代表"重要思想概论（简称"概论"6学分）；中国近现代史纲要（简称"纲要"2学分）；思想道德修养与法律基础（简称"基础"3学分）以及形势与政策（2学分）在内的五门必修的思政课程。除此之外，还应开设"当代世界经济与政治"等选修课。专科院校则需要开设毛泽东思想、邓小平理论和"三个代表"重要思想概论（4学分）；思想道德修养与法律基础（3学分）；以及形势与政策（1学分）三门必修思政课程。

随着中国特色社会主义进入新时代，为全面贯彻党的教育方针，深入落实中共中央办公厅、国务院办公厅《关于深化新时代学校思想政治理论课改革创新的若干意见》的文件精神，充分发挥思政课在立德树人中的关键课程作用，循序渐进、螺旋上升地开设好大中小学思政课。中共中央宣传部和教育部于2020年12月18日联合印发了《中共中央宣传部、教育部关于印发〈新时代学校思想政治理论课改革创新实施方案〉的通知》[②]（教材〔2020〕6号）文件，在《新时代学校思想政治理论课改革创新实施方案》中规定"大学阶段"的思政课的开设中，本科院校要开设包含马克思主义基本原理（3学分）；毛泽东思想和中国特色社会主义理论体系概论（5学分）；中国近现代史纲要（3学分）；思想道德与法治（3学分）；形势与政策（2学分）在内的五门必修思政课，全国重点马克思主义学院要率先全面开设"习近平新时代中国特色社会主义思想概论"课程。专科层面的高等职业学校则需要开设毛泽东思想和中国特色社会主义理论体系概论（4学分）；思想道德与法治（3学分）；形势与政策（1学分）三门必修思政课。并且在此次颁布的《实施方案》中还特别提到，要"围绕马克思主义经典著作，党史、新中国史、改革开放史、社会主义发展史，中华优秀

① 中华人民共和国教育部官网，http://www.moe.gov.cn/srcsite/A13/moe_772/200503/t20050302_80414.html，2005-03-02。

② 中华人民共和国教育部官网，http://www.moe.gov.cn/srcsite/A26/jcj_kcjcgh/202012/t20201231_508361.html，2020-12-18。

传统文化、革命文化、社会主义先进文化,宪法法律等,开设本科及高等职业学校专科选择性必修课程,确保学生至少从‘四史’中选修一门课程”。

通过上述对比能明显看出,由于高职教育和普通高校教育在学制年限和人才培养定位方面的不同,两者在必修的思政课课程开设数量和学分方面还存在着细微的差别。当然,我们也必须明确,虽然高职教育中的必修思政课从数量和学分上比普通高校教育的必修思政课要少一些,但并不意味着高职教育中必修的思政课的教育教学目标要低于普通高校教育的必修思政课。例如,高职教育虽然不开设马克思主义基本原理和中国近现代史纲要课程,但马克思主义的一些基本原理和中国近现代历史等知识同样会融入所开设的毛泽东思想和中国特色社会主义理论体系概论以及思想道德与法治课程之中。高职教育和普通高校教育思政课虽然目的和原则是一致的,但必修课程数量和学分的差异也就要求高职教育中的思政课在教学方法手段的选取方面必须适合自身的职业教育特点,完全相同的教学方法手段必然无法达到良好的思政课教育教学目标。在上文所提到的《职业教育提质培优行动计划(2020—2023年)》的第二部分“重点任务”的第一个任务“落实立德树人根本任务”中同样明确提出,必须要“创新职业学校思想政治教育模式”,职业教育的思政课要“遵循职业学校学生认知规律,开发遴选学生喜闻乐见的课程资源,因地制宜实施情景式、案例式、活动式等教法,建设学生真心喜爱、终身受益、体现职业教育特点的思政课程”。这一要求更是从一个侧面反映出职业教育的思政课教学方法手段必须要凸显出“职业”特色的重要意义。

二、实践教学

与课程开设相对应,根据《中共中央、国务院关于进一步加强和改进大学生思想政治教育的意见》(中发〔2004〕16号)精神,中共中央宣传部和教育部早在2005年2月7日也联合印发了《中共中央宣传部、教育部关于进一步加强和改进高等学校思想政治理论课的意见》①(教社政〔2005〕5号)文件,在该《意见》的第六部分“切实改进高等学校思想政治理论课教育教学的方式和方法”中就明确指出,“要加强实践教学。高等学校思想政治理论课所有课程都要加强实践环节。要建立和完善实践教学保障机制,探索实践育人的长效机制。围绕教学目标,制定大纲,规定学时,提供必要经费。加强组织和管理,把实践教学与社会调查、志愿服务、公益活动、专业课实习等结合起来,引导大学生走出校门,到基层去,到工农群众中去。要通过形式多样的实践教学活动,提高学生思想政治素质和观察分析社会现象的能力,深化教育教学的效果”。

在中共中央、国务院于2017年2月印发的《关于加强和改进新形势下高校思想政治工作的意见》②中也明确提出,“要强化社会实践育人,提高实践教学比重,组织师生参加社会实践活动,完善科教融合、校企联合等协同育人模式,加强实践教学基地建设,建立健全国家机关、企事业单位、社会团体接收大学生实习实训制度”。同年年底,中共教育部党组印发《高校思想政治工作质量提升工程实施纲要》③。在该《纲要》的第二部分“基本任务”中第三个任务就是要构建“实践育人质量提升体系”,并且明确提出要“坚持理论教育与实践养成相结合,整合各类实践资源,强化项目管理,丰富实践内容,创新实践形式,拓展实践平台,完善支持机制,教育引导师生在亲身参与中增强实践能力、树立家国情怀”。2020年4月22日,由教育部、中共中央组织部、中共中央宣传部、中共中央政法委员会、中央网络安全和信息化委员会办公室、财政部、人力资源社会保障部和共青团中央共八个部门联合印发的《教育部等八部门关

---

① 中华人民共和国教育部官网,http://www.moe.gov.cn/srcsite/A13/moe_772/200502/t20050207_80415.html,2005-02-07。

② 中华人民共和国中央人民政府官网,http://www.gov.cn/xinwen/2017-02/27/content_5182502.htm,2017-02-27。

③ 中华人民共和国教育部官网,http://www.moe.gov.cn/srcsite/A12/s7060/201712/t20171206_320698.html,2017-12-05。

于加快构建高校思想政治工作体系的意见》[①]中的第十条明确提出，要“深化实践教育。把思想政治教育融入社会实践、志愿服务、实习实训等活动中，创办形式多样的‘行走课堂’。健全志愿服务体系，深入开展‘青年红色筑梦之旅’‘小我融入大我，青春献给祖国’等主题社会实践活动。推动构建政府、社会、学校协同联动的‘实践育人共同体’，挖掘和编制‘资源图谱’，加强劳动教育”。这三个政策文件中的相关要求虽然并不是专门针对高校思政课的实践教学，但从中我们既可以感受党和国家对实践教学的重视，同时也看到了新时代高等教育思政课实践教学的改革创新的新方向和新思路。

具体到高校思政课的实践教学而言，为深入贯彻落实好习近平新时代中国特色社会主义思想和党的十八大以来一系列的教育方针路线，不断加强、改进和创新新时代高校思想政治理论课建设，全面推动习近平新时代中国特色社会主义思想进教材进课堂进学生头脑的“三进”工作，真正培养出堪当民族复兴大任的时代新人。2018 年 4 月 12 日印发了《教育部关于印发〈新时代高校思想政治理论课教学工作基本要求〉的通知》[②]（教社科〔2018〕2 号）文件，在《新时代高校思想政治理论课教学工作基本要求》中的第九点“科学运用教学方法”明确提出，“实践教学作为课堂教学的延伸拓展，重在帮助学生巩固课堂学习效果，深化对教学重点难点问题的理解和掌握。要制定实践教学大纲，整合实践教学资源，拓展实践教学形式，注重实践教学效果”。在 2019 年教育部印发的《普通高等学校马克思主义学院建设标准（2019 年本）》[③]中指出，“制定实践教学计划，用好社会大课堂，统筹思想政治理论课各门课程的实践教学，落实学时学分、教学内容、指导教师和专项经费。实践教学原则上覆

① 中华人民共和国教育部官网，http://www.gov.cn/zhengce/zhengceku/2020-05/15/content_5511831.htm，2020-04-22。

② 中华人民共和国教育部官网，http://www.moe.gov.cn/srcsite/A13/moe_772/201804/t20180424_334099.html，2018-04-12。

③ 贵州师范大学马克思主义学院官网，https://marx.gznu.edu.cn/info/1751/4278.htm，2020-06-11。

盖全体在校学生,建设相对稳定的校外教学实践基地”。它是各普通高等学校马克思主义学院建设“教学改革”二级指标中的重要组成部分之一,并且,在《新时代学校思想政治理论课改革创新实施方案》中又再一次重申“各高校要规范实践教学,把思想政治教育有机融入社会实践、志愿服务、实习实训等活动中,切实提高实践教学实效”。在2021年11月30日,教育部印发的《高等学校思想政治理论课建设标准(2021年本)》①中,“实践教学”作为“教学管理”一级指标下的独立二级指标被单独列出,指标类别为“B类”。明确考核内容,“实践教学纳入教学计划,统筹思想政治理论课各门课的实践教学,落实学分(本科2学分,专科1学分)、教学内容、指导教师和专项经费。实践教学覆盖全体学生,建立相对稳定的校外实践教学基地”。更要引起重视的是在该《建设标准》中“改革创新”二级指标中“建设‘大思政课’,调动各种教务处资源用于思想政治理论课建设,把思政小课堂与社会大课堂相结合,突出实践教学,将生动鲜活的实践引入课堂教学,将课堂设在生产劳动和社会实践一线,全面提升育人效果”则被列为“A类指标”。这更凸显出了在新时代高校思政课实践教学进行改革创新的必要性。

通过上述一系列的政策文件规定便不难发现,我们党和国家始终高度关心高校教育中思政课的实践教学问题,因此,无论是高职教育还是普通高校教育的思政课必须要高度重视实践教学。对于高职教育和普通高校教育中思政课实践教学的差异在各类相关政策文件中仅仅体现在思政课实践教学在学分设置方面的细微差别。如在《新时代高校思想政治理论课教学工作基本要求》中规定,“从本科思想政治理论课现有学分中划出2个学分、从专科思想政治理论课现有学分中划出1个学分,开展本专科思想政治理论课实践教学。学生既可通过参加教师统一组织的实践教学获得相应学分,也可通过提交与思想政治理论课学习相关的实践成果申请获得相应学分”。但这1学分上的

① 中华人民共和国教育部官网,http://www.gov.cn/zhengce/zhengceku/2021-12/18/content_5661767.htm,2021-11-30。

差异其实也意味着,高职教育中的思政课实践教学和普通高校教育中的思政课实践教学在课时安排上,也同样存在着一定的差异,而这种差异也就要求高职教育中的思政课实践教学无论是在实践教学主题,还是实践教学方式方法的选择上,或者是具体实践教学的组织实施,甚至是实践教学体系的构建方面,都不可能也不应该照搬照抄普通高校教育中的思政课实践教学模式。正如《职业教育提质培优行动计划(2020—2023 年)》中所提及的,职业教育思政课的实践教学应该“充分挖掘和利用地方、企业德育教育资源,鼓励引导校企共建德育实践基地”。从而在高职教育的思政课实践中体现“职业”特色。

由此可见,高职教育中的思政课和普通高校教育中的思政课在共性的教育教学指导思想、原则目标等指引下,在课程的开设和实践教学方面还是存在着差别。

综上所述,高职教育在人才培养定位、专业设置、课程教学乃至具体的思政课方面都既有着同属于高等教育的共性要求,也存在着分属不同教育类型的个性特色。因此,就高职教育中的思政课实践教学而言,在中国特色社会主义步入新时代的今天,高职教育必须首先要明确与普通高校教育之间的异同点,才能在“大思政”格局下探索构建起既能满足高等教育思政课教育教学“共性”要求,又能体现出高职教育职业“特性”需要的思政课实践教学体系。

第三章
高职院校思政课实践教学的现状及总结反思

要创新探索构建起既符合高职教育特性需要，又满足党和国家对高校思政课教育教学目标共性要求的、适合高职院校思政课实践教学体系，除必须提高对高职教育重要性有清晰的认识以及把握高职教育与普通高校教育在人才培养定位、专业设置、课程教学和思政课程方面的异同点之外，还必须全面把握和摸清当前高职院校思政课实践教学的现状，并通过现状总结出已经形成的优秀经验，发现有待突破的瓶颈，并找准其原因所在，只有这样才能有的放矢地构建起适合高职院校的思政课实践教学体系。

为了最大限度地掌握和摸清当前高职院校思政课实践教学的现状，笔者利用2020年暑假，与所在课题组的主要成员编制了高职院校思政课实践教学调查问卷的教师卷和学生卷，并在2020年秋季学期开学后利用问卷星对全国80位高职思政课教师和2553名学生进行了随机抽样问卷调查。

本次调查的高职院校思政课教师从其所在学校的地区方面来看，来自东部地区的39人，中部地区的10人，西部地区的31人，所占比重分别为48.75%、12.5%和38.75%。从高职院校思政课教师的职务方面来看，思政课部门领导4人,思政课课程负责人7人,专职思政课教师65人,兼职思政课教师4人,从高职院校思政课教师的职称方面来看,教授10人,副教授24人,讲师27人,助教17人,无职称2人。从高职院校思政课教师从教时间上看,从教时间10年以上的41人,从教时间7~9年的4人,从教时间4~6年的8人,从教时间1~3年的20人,从教时间1年以下的7人。

本次调查的高职学生从其所在学校的地区方面来看,来自东部地区的1096人,中部地区的511人,西部地区的946人,所占比重分别为42.93%、20.02%和37.05%。从被调查学生所处的年级方面来看,高职一年级1715人,占67.18%;高职二年级679人,占26.6%;高职三年级159人,占6.23%。从被调查学生所学专业类别方面来看,理工类1107人,占43.36%;文史类122人,占4.78%;经管类319人,占12.5%;艺体类371人,占14.53%;其他634人,占24.83%。

从上述问卷调查对象的基本情况可以看出,本次问卷调查基本涵盖了我国当前各地区、各职务职称、各从教时间的高职院校思政课教师以及各地区、各年级层次各专业类别的高职学生。通过此次问卷调查所得的数据结果,对当前我国的高职院校思政课实践教学现状有了较为全面和深入的了解与掌握,从中既可以看到当前我国高职院校思政课实践教学已取得的一些成效,总结出不少优秀的经验,也可以发现当前我国高职院校思政课实践教学也还存在一些亟待突破的瓶颈,反思造成这些瓶颈的原因。这将为探索构建适合于高职院校思政课实践教学体系提供最为可靠的现实支撑。

第一节　高职院校思政课实践教学已有成绩及经验总结

在国家一系列有关高校思政课教学和实践教学文件政策的指引之下，高职院校思政课实践教学始终都是高职院校思政课教学改革与创新的重要内容和重点领域之一，从此次针对高职院校思政课教师和广大高职学生的思政课实践教学问卷调查的统计数据可以发现，经过十多年来的改革和探索，高职院校思政课实践教学已经取得了较为不错的成效，形成了不少具有代表性的思政课实践教学形式、模式甚至范式。只有对于已取得的成效和成果经验进行深入总结才能使之得以巩固，也才能为探索构建适合高职院校思政课实践教学体系打下坚实的基础。通过此次有关高职院校思政课实践教学的问卷，对于高职院校思政课实践教学已有成效及经验可以大体总结为如下三个方面。

一、对思政课实践教学的重视程度普遍较高

对于思政课实践教学的重视首先体现在了绝大部分被调查的高职院校思政课教师和学生对于思政课开展实践教学的认可程度上。如图 3-1 所示，在被调查的教师中 54 名非常赞同思政课实践教学对思政课学习具有促进作用，占到被调查教师总数的 67.5%。25 名教师赞同思政课实践教学对思政课学习具有促进作用，占到被调查教师总数的 31.25%，只有 1 名对于思政课实践教学是否对思政课学习具有促进作用选择了“说不清”。在学生的问卷统计

中,有 2026 名高职学生赞同思政课实践教学对思政课学习具有促进作用,占到被调查学生总数的 79. 36%(图 3-2)。

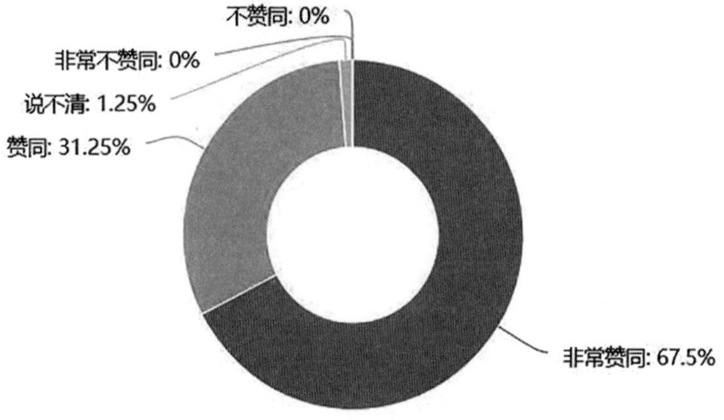

图 3-1　是否赞同思政课实践教学对思政课学习具有促进作用(教师卷)

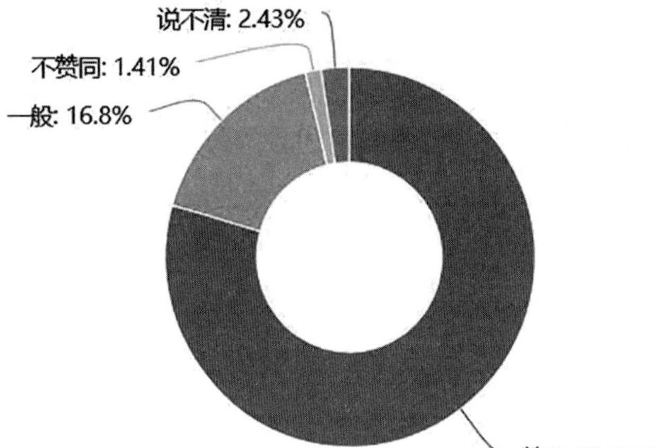

图 3-2　是否赞同思政课实践教学对思政课学习具有促进作用(学生卷)

其次,学校对于思政课教师开展实践教学的支持方面,如图 3-3 所示,在此次问卷调查中,认为自己所在学校支持和非常支持思政课开展实践教学的高职院校思政课老师各有 34 人,两者之和占到了被调查教师总数的 85%。

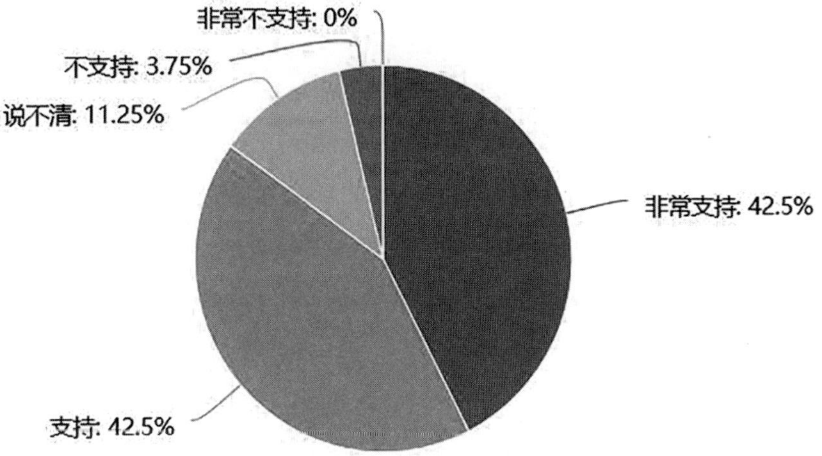

图 3-3 所在学校是否支持思政课开展实践教学

最后,对于高职院校所开设的必修的思政课程中,尤其是利用完整学期学习的"思想道德修养与法律基础"和"毛泽东思想和中国特色社会主义理论体系概论"两门课程的实践教学的开展方面较为普及。如图 3-4、3-5、3-6 所示,在此次被调查的 80 名高职院校思政课教师中有 78 名教师所在学校的"思想道德修养与法律基础"和"毛泽东思想和中国特色社会主义理论体系概论"课程会展开实践教学,占到被调查教师总数的 97.5%。并且有 66 名教师所在学校的"思想道德修养与法律基础"课程每学期都会开展由思政部门统一安排的实践教学,占到被调查教师总数的 82.5%。67 名教师所在学校的"毛泽东思想和中国特色社会主义理论体系概论"课程每学期都会有思政部门统一安排实践教学,占到被调查教师总数的 83.75%。57 名教师所在学校的"思想道德修养与法律基础"和"毛泽东思想和中国特色社会主义理论体系概论"课程制定了有关实践教学的教学大纲,占到被调查教师总数的 71.25%。更难能可贵的是,对于每学期课时数有限的必修的"形势与政策"课程依旧有 30 名高职院校思政课教师所在学校制定了"形势与政策"课程实践教学的教学大纲,占到被调查教师总数的 37.5%。有 24 名高职院校思政课教师所在学校的"形势与政策"课程开展了实践教学,占到被调查教师总数的 30%。20 名高职院校思政课教师所在学校每学期会安排统一的“形势与政策”课程的实践教学，占到被调查教师总数的25%。

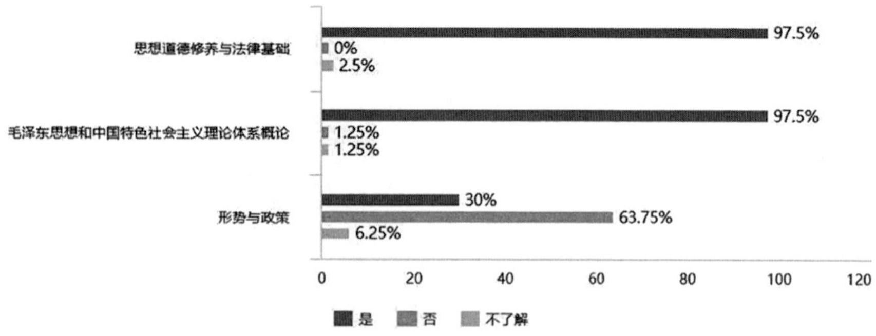

图3-4　是否每门思政课都开展实践教学

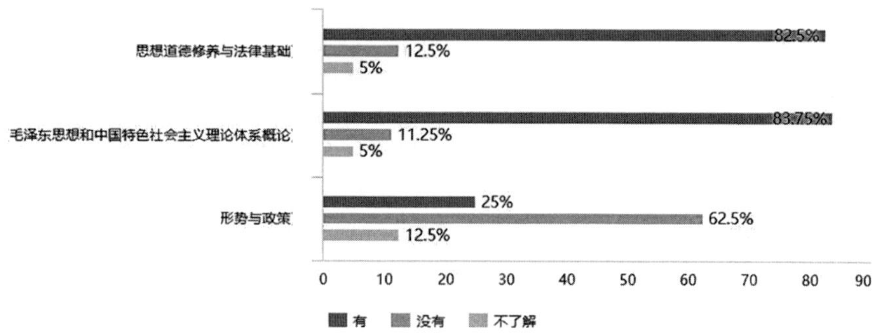

图3-5　是否每学期安排部门统一的实践教学

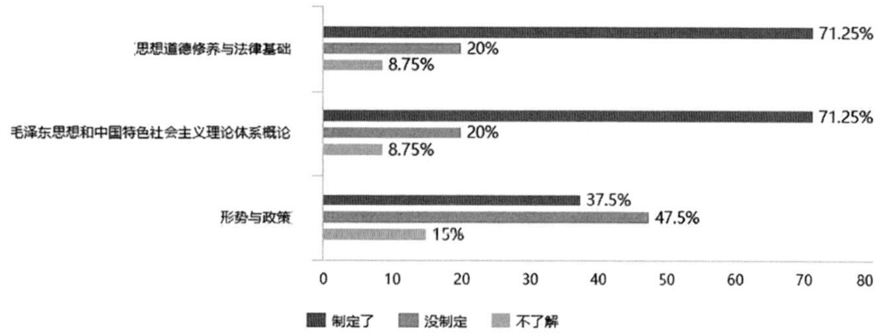

图3-6　是否制定了实践教学的教学大纲

在学生问卷方面,如图 3-7 所示,被调查高职学生中有 2058 名学生所在学校的“思想道德修养与法律基础”课程开展过实践教学,占到被调查学生总数的 80.61%。有 2034 名学生所在学校的“毛泽东思想和中国特色社会主义理论体系概论”课程开展过实践教学,占到被调查学生总数的 79.67%。有 1898 名学生所在学校的“形势与政策”课程开展过实践教学,占到被调查学生总数的 74.34%。与高职院校思政课教师问卷相比,认为自己所在学校的“形势与政策”课程开展过实践教学的学生比例明显高于高职院校思政课教师。其原因可能有如下两个:一是由于抽样调查的学生样本没有达到绝对的随机抽样分布,致使抽样样本分布略不均衡,因此开展了“形势与政策”课程实践教学学校的学生答卷比例较高。二是学生本身在答卷过程中可能并没有仔细区别区分所学习过的每一门必修的思政课,将参与或参加过的思政课实践教学笼统地视为了一个概念。因此,从被调查的高职学生的此题回答中我们只能得出大部分学生所在学校的思政课都开展了实践教学,具体到每一门思政课的实践教学开展情况学生的问卷情况只能作为参考,还是应该以高职院校思政课教师的问卷为主要依据。并且,被调查的高职学生中有 2104 名学生“在开课初你的思政课教师是否会对本学期实践教学进行介绍说明和任务布置”的回答中选择了“是”,如图 3-8 所示,占到被调查高职学生总数的 82.41%。被调查高职学生对问卷中的上述两个问题的回答数据统计也同样反映出了当前各高职院校的思政课在开展实践教学方面是十分普遍的,并且实践教学已经基本全部涵盖了高职院校所开设的三门必修的思政课程。

通过以上调查数据便可以明显发现,在国家相关政策的指导和规范下,当前绝大部分高职院校的思政课教师和学生都赞同实践教学对思政课教学和学习有积极的促进作用,并且绝大部分的高职院校都普遍较为支持思政课开展实践教学,其中相当一部分高职院校能够将实践教学的开展涵盖到其所开设的每一门必修的思政课,并且能够较好地落实《新时代高校思想政治理论课教学工作基本要求》的相关要求,制定了思政课实践教学的教学大纲,从而保障

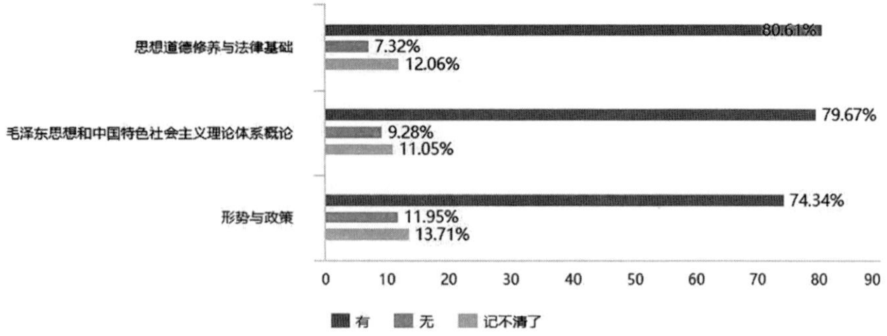

图 3-7　是否每门思政课都有自己的实践教学活动

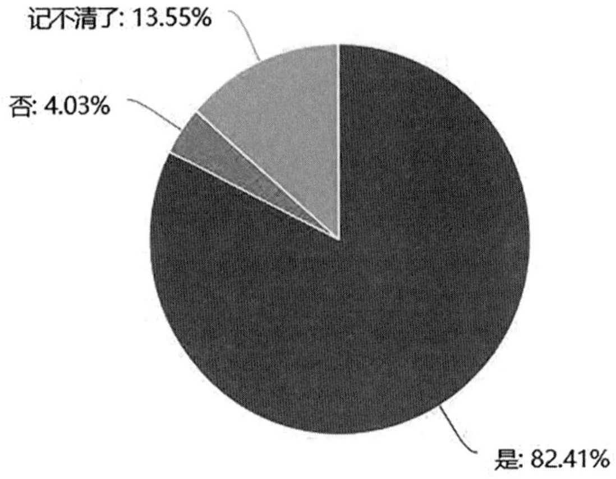

图 3-8　开课初思政课教师是否会对本学期实践教学进行介绍说明和任务布置

思政课的实践教学能够较为规范而有序地开展和实施。对思政课实践教学的重视是高职院校思政课开展好实践教学的重要保障之一,正是在高职院校上下一心的高度重视和齐心协力的努力之下,高职院校的思政课实践教学才能取得当前已有的成效。要探索构建适合高职院校思政课的实践教学体系,需要每一名高职院校思政课教师的不懈努力,更离不开其所在学校的高度重视和大力支持。

二、高职学生对思政课实践教学热情较高

高职学生对于思政课实践教学的热情首先体现在，在此次问卷调查过程中，如图 3-9 所示，被调查高职学生有 1885 人愿意参加思政课的实践教学，占到了被调查学生总数的 73.83%。选择说不清的学生仅为 65 人，占被调查学生总数的 2.55%。而不愿意参加思政课实践教学的学生仅为 59 人，仅占被调查学生总数的 2.31%。另有 544 名被调查高职学生表现为既不愿意也不排斥参加思政课实践教学，占被调查学生总数的 21.31%。

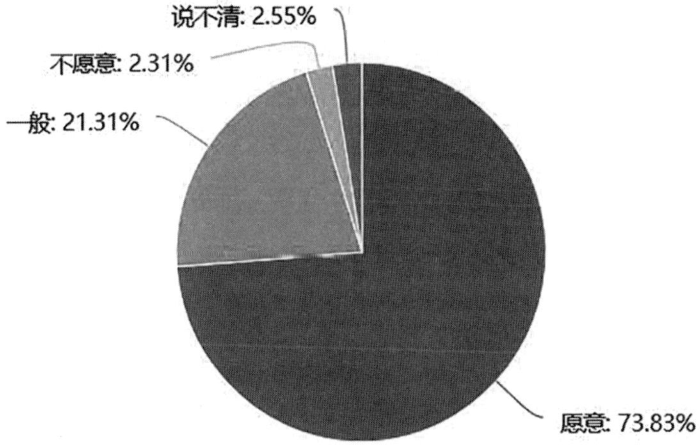

图 3-9　高职学生是否愿意参加思政课实践教学

相较于传统的思政课课堂讲授，现有思政课实践教学的优势较为明显。如图 3-10 所示，有 2103 名被调查的高职学生认为思政课实践教学“有利于提高学生思政课学习兴趣”，有 2109 名被调查的高职学生认为思政课实践教学“有利于激发学生的积极性、主动性和主体性”，有 1790 名被调查的高职学生认为思政课实践教学“有利于丰富思政课课程形式”，其分别占到了被调查学生总数的 82.37%、82.61%和 70.11%。另外也有 633 名被调查的高职学生认为思政课实践教学“有利于全方面锻炼提升自身综合素养”，有 573 名被调查

的高职学生认为思政课实践教学“有利于将平面的知识立体化、生动化”，有356名被调查的高职学生认为思政课实践教学“有利于夯实提升思政课学习效果”，分别占到被调查学生总数的24.79%、22.44%和13.94%。只有95名被调查的高职学生说不清思政课实践教学的最主要优势有哪些，仅占被调查学生总数的3.72%。通过上述数据可以发现，被调查的高职学生认为思政课实践教学最主要优势中的前三项就是“有利于激发学生的积极性、主动性和主体性”“有利于提高学生思政课学习兴趣”“有利于丰富思政课课程形式”。正是因为思政课实践教学的这些优势所在才使得学生愿意参与到思政课的实践教学之中。

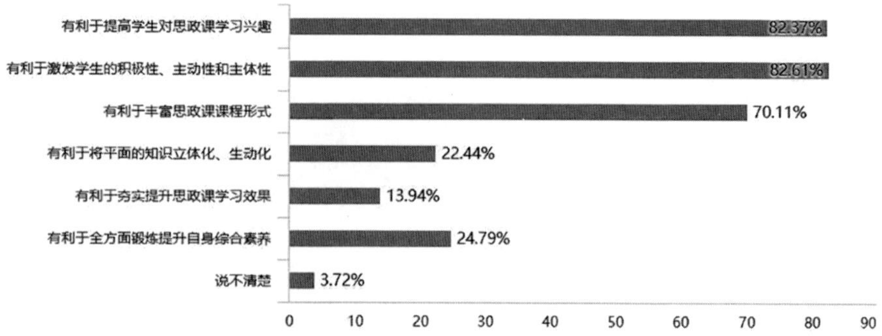

图3-10　高职学生认为思政课开展实践教学的最主要优势

最后，高职学生对于思政课实践教学的热情更直接体现在了其参与思政课实践教学的态度情感方面。如图3-11所示，在本次问卷调查中，有1676名高职学生认为思政课实践教学“其可以帮助自己直观生动理解学习内容，并能够多方面锻炼提高自己，积极主动参与”，占到了被调查学生总数的65.65%。只有65名高职学生选择了“本心虽不愿意但有相应考核要求制约，实属被动应付”，仅占被调查学生总数的2.55%。虽然也有543名高职学生对于思政课实践教学抱有“作为学习任务的一个组成部分，不求出色但求通过，随大流参与完成任务就好”的并不积极的态度，但我们也可以较为乐观地认为，这21.27%的高职学生是今后思政课实践教学可以努力争取的对象，因为他们的态度至少并没有那么消极。

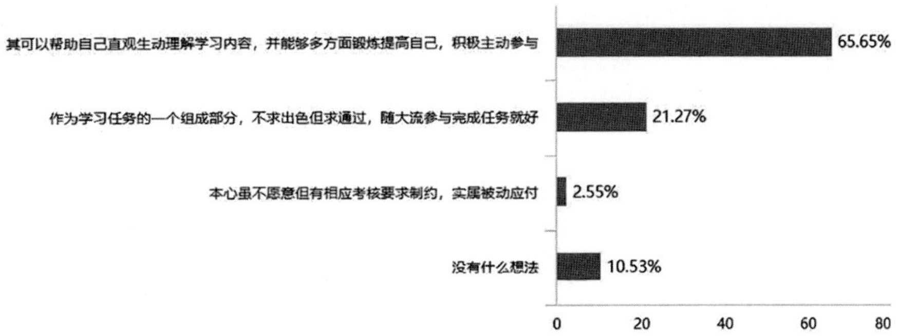

图 3-11　高职学生参与思政课实践教学时的实际想法

高职学生在参与思政课实践教学的态度从本次问卷调查的高职院校思政课教师问卷中也得到了很好的印证。如图 3-12 所示，在被调查的 80 名高职院校思政课教师中，有 9 名教师认为其在组织开展实践教学时态度端正积极参与的学生比例在 90%以上，占到被调查教师总数的 11. 25%。有 20 位教师认为其在组织开展实践教学时态度端正积极参与的学生比例在 71%—90%，占到被调查教师总数的 25%。有 12 位教师认为其在组织开展实践教学时态度端正积极参与的学生比例在 51%—70%，占到了被调查教师总数的 15%。只有 4 位教师认为其在组织开展实践教学时态度端正积极参与的学生比例在 10%以下，仅占到被调查教师总数的 5%。另外分别有 19 位和 14 位教师认为其在组织开展实践教学时态度端正积极参与的学生比例分别在 10%—30%以及 31%—50%，分别占到被调查高职院校思政课教师总数的 23. 75%和 17. 5%。通过上述问卷统计数据可以发现，有 41 位高职院校思政课教师认为其在组织开展实践教学过程中有 50%以上的学生能够积极主动地参与实践教学，占到了被调查教师总数的 51. 25%。考虑到高职院校思政课教师往往对于学生的要求和期望较高，所以对于参与思政课实践教学中学生的态度的评价可能会略微趋于保守，因此从被调查高职院校思政课教师所调查统计出的这一数据结果和高职学生在参与思政课实践教学过程中的自我评价还是大体相吻合的。其一方面可以体现出当前高职学生的对自己的自我评价还是比较客观清楚的，另一方面也可以印证出，在当前高职学生群体中有一多半的学生是在态度端正、积极主动地参与思政课实践教学的。

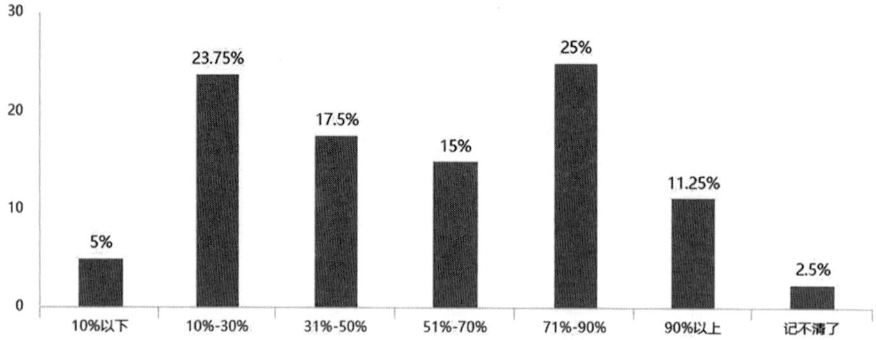

图 3-12　高职院校思政课教师在组织开展实践教学时态度端正积极参与的学生比例

通过上述问卷调查的统计数据可以发现，经过多年来的不懈努力，高职院校思政课实践教学的开展已经受到了高职学生较为广泛的认同和认可，从而才使得当前高职学生对于思政课实践教学有着较为高涨的热情和较为端正积极的态度。而高职学生对于思政课实践教学较为积极向上的情感态度对于构建适合高职院校的思政课实践教学体系具有十分重要的促进作用，其一方面是对过往高职院校思政课教师开展实践教学努力和成绩的肯定，为高职院校思政课教师继续组织开展实践教学注入了强大的精神动力。另一方面也对高职院校思政课教师继续深入研究实践教学，开展对高职学生更具吸引力且能够保持和提高高职学生对思政课实践教学积极向上的情感态度的思政课实践教学提出了更高的要求。高职院校思政课实践教学必须要抓住高职学生对思政课实践教学的高涨热情和端正积极态度这一已有优势机遇，顺势而为，积极探索构建适合高职院校的思政课实践教学体系。

三、思政课实践教学形式较为多样

经过多年的改革创新探索，当前高职院校思政课实践教学已经形成了较为多样的实践教学形式。多样的高职院校思政课实践教学形式首先体现在高职院校思政课实践教学开展的空间方面,在此次问卷调查中,在对于思政课实践教学开展空间分布的调查中,“思政课堂上”“学校校园内”“社会校园外”都是思政课开展实践教学的空间范围,受到高职院校思政课的课程教学主要内容、所选取的思政课实践教学形式的场地、准备时间等因素的影响,不同的思政课在每个空间领域所开展的思政课实践教学的频次也必然不同,但从中还是可以感受到高职院校思政课教师为组织开展思政课时间教学所做出的不懈努力。而在对不同空间范围内所开展的具体思政课实践教学形式的调查中,问卷中所罗列出的思政课实践教学形式也都会有所涉及。

首先,在思政课课堂实践教学方面。在对学生进行的思政课课堂出现过的实践教学形式的调查中,如图 3-13 所示,问卷中所罗列出的“影片观摩”“读书交流”“小组研讨”“新闻/时事播报”“学生公开课”“学生情景剧”“主题朗诵/合唱”和“基于信息化的虚拟体验实践教学”八种实践教学形式都有学生选取,其中被选取频次最高的前三种形式分别是“影片观摩”“小组研讨”和“读书交流”,选取人数分别为 1756 人、1636 人和 1280 人,分别占到了被调查学生总数的 68.78%、64.08%和 50.14%。除此之外,还有 93 名高职学生选择了其他,并特别写出了诸如微课、黑板报、手工等实践教学形式。虽然对于其他的思政课实践教学形式填写具体形式的高职学生不多,但其同样进一步证明了高职院校思政课实践教学形式的丰富多样。当然,也有 50 名高职学生选择了无课程实践教学选项,虽然其仅占被调查学生总数的 1.96%,但这 50 名高职学生的此项选择还是要引起我们的重视,因为他们选择此项的原因可能有这样两个,一是其主观上没有重视思政课的实践教学,当时并没有认真参与思政课的课堂实践教学,所以对思政课的课堂实践教学没有概念;二是客观上当时思政课教师在组织课堂实践教学时对这部分学生的吸引力不强,从而导致思政课课堂实践教学没有对其留下深刻印象。从绝大部分同学的问卷回答上来看,应该是第一种原因可能性更大,因这一问题产生的原因不是我们所要探索的重点问题,就不再多加赘述。在这里提出只是希望能够引起高职院校思政课教师的重视,在组织开展实践教学过程中尽量避免出现笔者所推测的第二种原因的可能性,与此相关的内容在后面有关高职院校思政课实践教学的反思中再具体阐述。

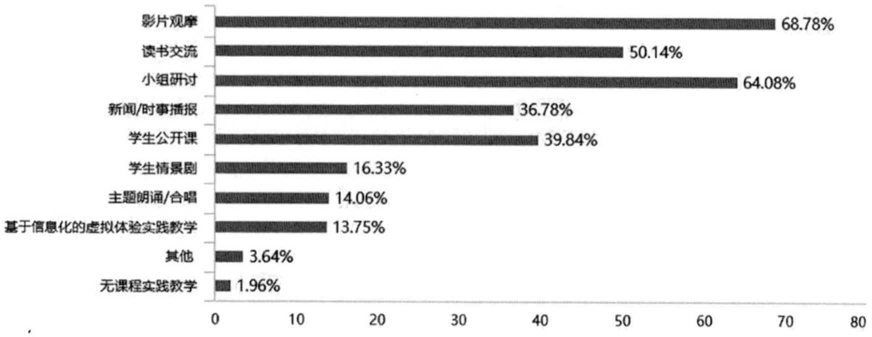

图 3-13　高职学生在思政课上接触过的课堂实践教学形式

同样,在对高职院校思政课教师最常运用的课堂实践教学形式的问卷调查中,如图 3-14 所示,“影片观摩”“读书交流”“小组研讨”“新闻/时事播报”“学生公开课”“学生情景剧”“主题朗诵/合唱”和“基于信息化的虚拟体验实践教学”这八种实践教学形式都有教师选择,在高职院校思政课教师的选择中排在前三位的形式依次为“小组研讨”“影片观摩”“学生情景剧”,选取的高职院校思政课教师人数分别为 54 人、50 人和 25 人,分别占到被调查教师总数的

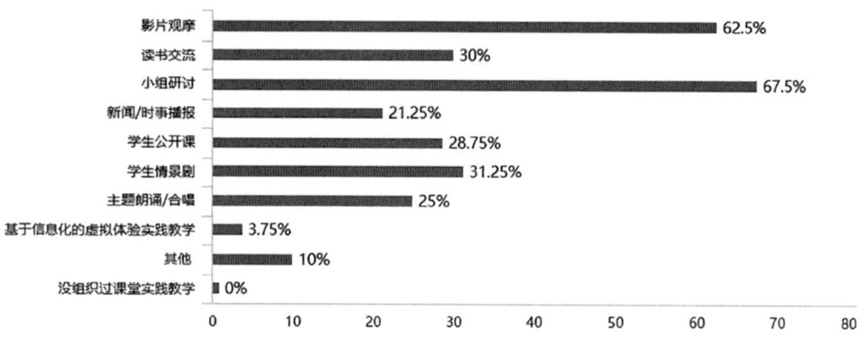

图 3-14　高职院校思政课教师在思政课课堂上最常用的实践教学形式

67.5%、62.5%和 31.25%。这里要特别说明一下，排在高职院校思政课教师最常运用的课堂实践教学形式第四位的就是“读书交流”，选取该项的高职院校思政课教师人数只比选取“学生情景剧”的教师人数少 1 人，也占到了被调查教师总数的 30%，考虑到对比高职学生的样本数量，高职院校思政课教师的样本总量有限，因此，可以说在高职院校思政课课堂实践教学形式方面，高职学生问卷的统计数据结果和对高职院校思政课教师该项内容的问卷调查的数据结果也比较一致。

上述无论是对高职学生还是对高职院校思政课教师的问卷统计数据都可以反映出，当前高职院校思政课的课堂实践教学已经有了较为丰富多样的形式供高职院校思政课教师进行选择和运用。

其次，在学校校园内思政课实践教学方面。与高职院校思政课课堂实践教学形式一样，在对思政课校园内实践教学形式的问卷调查中，在问卷中有“校园志愿服务”“校园调研”“校内思政实践教学基地教学”“校内专业实训基地教学”“学长访谈交流”和“思政课竞赛/展览”这六个形式选项。如图 3-15 所示，高职院校思政课教师在校园内实践教学形式的运用方面排在前四位的形式分别是：“思政课竞赛/展览”有 48 位被调查高职院校思政课教师选择，占到被调查教师总数的 60%；“校园调研”有 45 位被调查高职院校思政课教师选择，占到被调查教师总数的 56.25%；“校内思政实践教学基地参观”有

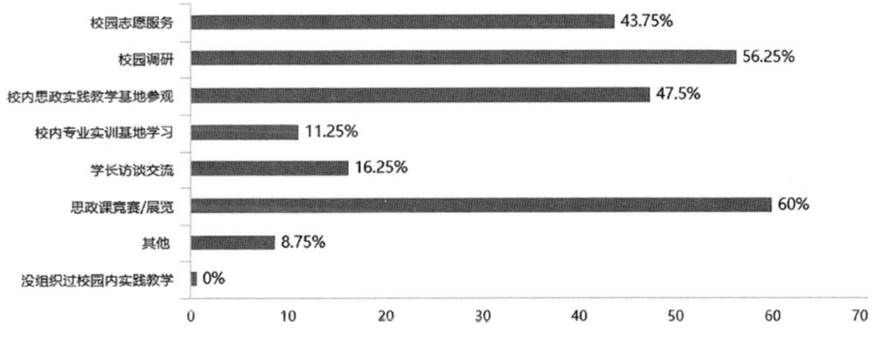

图 3-15　高职院校思政课教师在思政课校园内最常运用的实践教学形式

38 位被调查高职院校思政课教师选择，占到被调查教师总数的 47.5%；“校园志愿服务”有 35 位被调查高职院校思政课教师选择，占到被调查教师总数的 43.75%。

与高职院校思政课教师的问卷结果相对应，如图 3-16 所示，由于抽样选取的高职学生样本数量较大，因此虽然与高职院校思政课教师所选取的校园内思政课实践教学形式的比例有所不同，但在高职学生的所选择的校园内思政课实践教学形式排在前四位的也同样是“思政课竞赛/展览”“校园调研”“校内思政实践教学基地教学”和“校园志愿服务”。只不过在高职学生的选择中排名第一的是“校园志愿服务”，有 1432 名高职学生进行了选择，占到被调查学生总数的 56.09%。排名第二的是“校园调研”，有 1341 名高职学生进行了选择，占到被调查学生总数的 52.53%。排名第三的是“校内思政实践教学基地教学”，有 1057 名高职学生进行了选择，占到被调查学生总数的 41.4%。排名第四的是“思政课竞赛/展览”，有 651 名高职学生进行了选择，占到被调查学生总数的 25.5%。

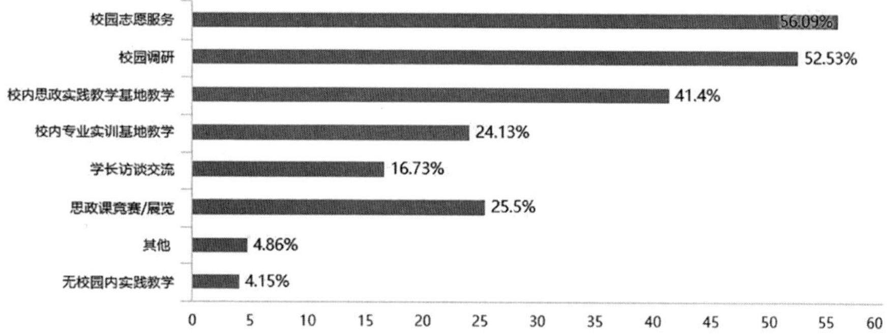

图 3-16　高职学生在思政课上接触过的校园内实践教学形式

通过上述问卷统计数据同样可以明显地反映出，当前高职院校思政课实践教学形式已经从传统的课堂实践教学逐步延伸到整个校园内，这种看似简单的思政课实践教学空间上的延展不仅仅让思政课的实践教学的形式得以丰富，并且也将整个思政教育从传统的课堂之内扩展到整个学校之中，使得思政课的教育影响面得到了极大的扩展,从而既有助于高职院校构建起一体化的思政课实践教学体系,也有利于高职院校整体思政教育教学效果的夯实。

最后,在校外思政课实践教学方面。应该说校外思政课实践教学是包含普通高校在内的高等教育在探索思政课实践教学而形成的传统形式之一。在国家有关思政课实践教学的有关文件指引和规定下,绝大部分高职院校都已经建立了可供思政课进行实践的教学基地。在此次问卷调查的统计数据中同样可以体现出,如图 3-17 所示,有 40 位被调查的高职院校思政课教师所在学校建立了 1—3 个思政课校外实践教学基地,占到了被调查教师总数的 50%,有 12 位被调查的高职院校思政课教师所在学校建立了 4—6 个思政课校外实践教学基地,占到了被调查教师总数的 15%,有两位被调查的高职院校思政课教师所在学校建立了 10 个以上的思政课校外实践教学基地,占到了被调查教师总数的 2.5%。还有 19 位被调查高职院校思政课教师记不清自己所在的学校建立了多少个思政课校外实践基地,这种无法记清应该仅是记不清具体的思政课校外实践基地的数量,而不是思政课校外实践基地的有无。因为确实有七位被调查的高职院校思政课教师选择了其所在学校的思政课校外实践基地数量为 0 个,笔者认为出现这种情况的原因有可能是受到从教时间的限制,一些青年思政课教师不了解其所在学校校外思政课实践基地的建立情况,也

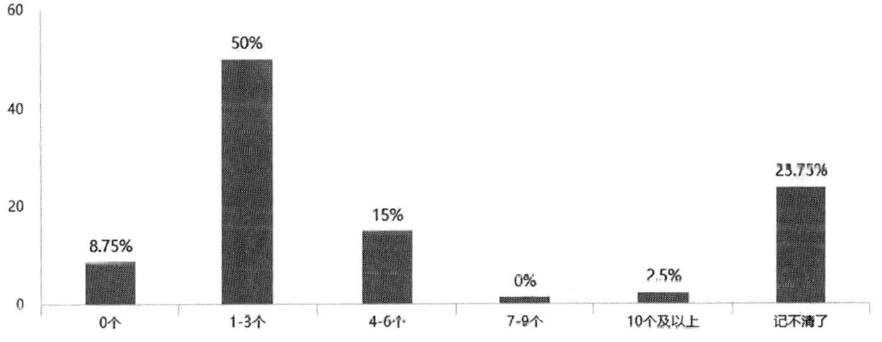

图 3-17 高职院校思政课教师所在学校的思政课校外实践基地数量

有可能是其所在的学校确实没有思政课校外实践教学基地。即便是第二种情况，其在被调查的高职院校思政课教师总数的中所占比重也仅为8.75%。所以通过这一问卷统计数据还是可以充分反映出当前绝大部分高职院校都有可供思政课进行校外实践教学的基地。

在高职院校思政课校外实践教学形式方面，对高职学生的问卷调查统计数据显示，如图3-18所示，在问卷中所列举出的“博物馆、纪念馆等思政课实践基地参观”“所学专业的实习基地企业学访”“社会志愿服务”“社会(地区)热点调研”和“模范人物寻访”五个形式选项中，有1255名被调查的高职学生的思政课校外实践形式中出现过“博物馆、纪念馆等思政课实践基地参观”，占到被调查学生总数的49.16%；有879名被调查的高职学生的思政课校外实践形式中出现过“所学专业的实习基地企业学访”，占到被调查学生总数的34.43%；有1087名被调查的高职学生的思政课校外实践形式中出现过“社会志愿服务”，占到被调查学生总数的42.58%；有529名被调查的高职学生的思政课校外实践形式中出现过“社会(地区)热点调研”，占到被调查学生总数的20.72%；有239名被调查的高职学生的思政课校外实践形式中出现过“模范人物寻访”，占到被调查学生总数的9.36%；也有121名被调查高职学生选择了“其他”，并有部分学生列举出了如图书馆、消防队等思政课校外实践教学形式。虽然问卷中所列举的思政课校外实践教学形式的选取比例不尽相同，

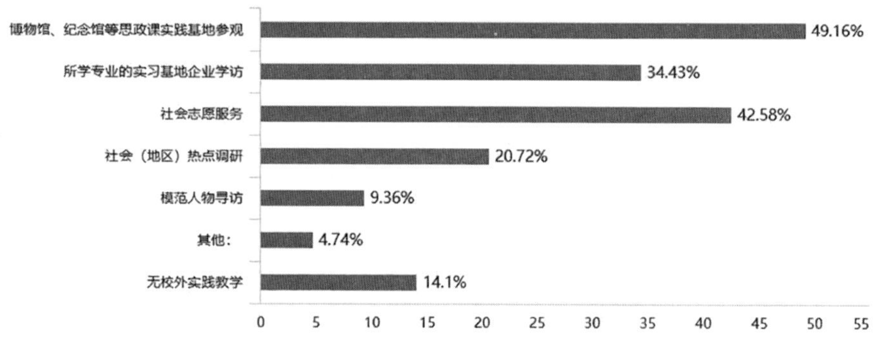

图3-18　高职学生在思政课上接触过的校外实践教学形式

但通过该问卷数据结果还是可以表现出，当前我们高职院校思政课校外实践教学的形式也是多种多样的。

通过上述问卷调查的统计数据便可以明显看到，当前我国高职院校思政课的实践教学有着非常丰富的形式。并且伴随着高职院校思政课教师对实践教学的不断探索，高职院校思政课所开展的很多实践教学都已有较为悠久的历史传承并已成为其学校思政课实践教学的典型成果。例如，笔者所在的天津职业大学自开展实践教学以来，每个学期都会结合所开设的必修思政课的具体教学内容组织学生进行社会实践调查，以社会实践调查为抓手组织开展覆盖全体高职一年级学生的社会实践调查大赛，该大赛迄今为止已经开展了近 20 届，成为学校思政课实践教学的一个特色品牌项目。可以说正是因为高职院校的思政课具有较为丰富多样的实践教学形式才能使大部分的高职学生能够对思政课的实践教学始终保持着较为高涨的热情和较为端正积极的学习态度，也为构建起适合高职院校的思政课实践教学体系提供了丰富而有力的形式载体。

综上所述，通过此次问卷调查可以较为全面地反映出在国家有关高等教育思政课实践教学相关政策的指引和规范下，高职院校对于思政课实践教学已愈发重视和支持。高职院校的思政课教师也非常认同实践教学对于促进思政课教学的积极作用，并不断完善思政课实践教学的组织和实施，也探索实施了形式多样的实践教学。高职学生也对思政课的实践教学充满着热情，并且能够以端正积极的态度投入思政课实践教学之中。以上这些高职院校思政课实践教学已取得的成绩是高职院校和每一名思政课教师以及学生们共同努力的结果，要探索构建适合高职院校的思政课实践教学体系必须首先要将已有的思政课实践教学形式创新性地继承和发展下去，从而巩固好高职院校思政课实践教学已取得的成效。

第二节　高职院校思政课实践教学有待突破的瓶颈及反思

要构建适合于高职院校的思政课实践教学体系，既要巩固好当前高职院校思政课实践教学已取得的成绩，同时也必须看到当前高职院校思政课实践教学还存在着有待突破的瓶颈，并深入反思造成瓶颈的具体原因。只有找到了造成高职院校思政课实践教学瓶颈的症结所在，才能有的放矢地找到解决之道，从而促进高职院校思政课实践教学的良性健康发展，并最终探索构建起适合高职院校的思政课实践教学体系。通过本次问卷调查统计数据可以反映出当前高职院校的思政课实践教学还存在着以下四个瓶颈。

一、思政课实践教学尚未形成合力

虽然绝大部分高职院校思政课教师认为其所在学校支持组织开展思政课实践教学，但如图 3-19 所示，通过本次问卷调查我们发现，当前高职院校思政课实践教学依旧没有形成合力。首先就表现在当前高职院校的思政课实践教学更多的还是思政课教学部门的一家“独唱”。在对高职院校思政课教师的所在学校思政课开展实践教学是否有其他部门参与的调查中，被调查的高职院校思政课教师中仅有 28 位选择了“有”，仅占到被调查教师总数的 35%。有 44 位选择了“没有”，其比例占到被调查教师总数的 55%。另有 8 位选择了“记不清了”，其比例占到被调查教师总数的 10%。从这个问卷统计数据以及结合笔者所在地区的高职院校的实际情况来看，当前高职院校的思政课实践教学更多的还是停留在了从事思政课教学部门的单打独斗，同样承担着思政教育工作的诸如团委、学工等部门并没有能够广泛地参与到本学校的思政课实践教学之中，而更多的是从各自工作的角度出发组织开展有关思想政治教育的实践活动，没有能够形成整体统筹、相互协同的实践育人模式。这就使得高职院校思政课的实践教学很可能与其他思政教育部门的实践活动各自为战，从而降低了思政课实践教学应有的效果。

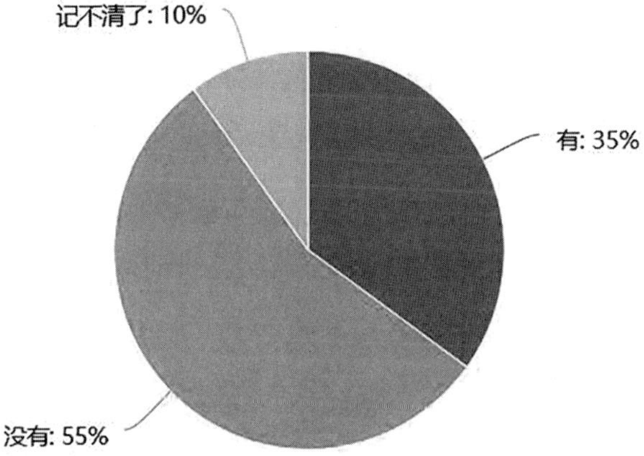

图 3-19　高职院校思政课实践教学是否有其他部门参与教师问卷

其次，高职院校校园内的思政课实践教学硬件条件建设还有待加强。如图 3-20 所示，在对高职院校思政课教师所在学校内是否有专门供思政课进行实践教学的基地或者场地的调查中，仅有 45 位被调查的高职院校思政课教师所在学校的校园内有专门供思政课实践教学的基地或场地，占到了被调查教师总数的 56.25%。而 35 位被调查的高职院校思政课教师所在学校的校园内没有专门供思政课实践教学的基地或场地，其占到被调查教师总数的 43.75%。这一问卷调查的统计数据在对高职学生的问卷调查中也得到了进一步印证，如图 3-21 所示，被调查的高职学生中有 1450 名高职学生回答其所在学校内有专门供思政课开展实践教学的基地或者场地，占到被调查学生总数的 56. 8%。有 452 名高职学生明确回答所在学校内没有专门供思政课开展实践教学的基地或者场地,占到被调查学生总数的 17. 7%。有 651 名高职学生对于自己所在学校是否有专门供思政课开展实践教学的基地或者场地"说不清",占到被调查学生总数的 25. 5%。对于同样的问卷调查问题在高职学生的问卷中增加了"说不清"的选项,而高职院思政课教师的问卷中确只有"有"和"没有"两个选项,是因为作为一名思政课教师对其所在学校是否有专门供思政课开展实践教学的基地或者场地本应属于常识性问题,和该思政课教师的入职年限和所从事思政课教学的年限间并无直接关联。而高职学生尤其是高年级的高职学生可能会因其所学的必修思政课的课程和课时有限,或者其长时间在校外进行顶岗实习实训,已经不常在学校内学习生活,而对学校是否建立了专门供思政课开展实践教学的基地或者场地情况不太了解。总之,因为高职院校思政课教师和高职学生对该问题的回答统计数据比例是大体一致的,所以可以说这一数据较为客观地反映出了有关高职院校内的专门供思政课开展实践教学基地或者场地的情况。对于这一情况,如果从积极的角度来看可以发现,已经有一半以上的被调查的高职院校思政课教师所在学校已经有了专供思政课开展实践教学的基地或者场地。但如果从消极的角度来看,在全党、全国、全社会上下一致高度重视和关心思政课的当下,能够在学校校园内开辟出一个专门供思政课进行实践教学场所的高职院校仅仅占到了被调查的高职院校思政课教师的一半多一点,这不得不让我们反思高职院校从学校层面对于思政课实践教学的重视与支持是否真正落到了实处。

最后,高职院校思政课实践教学需要从学校层面统筹规划并坚决落实落细。如图 3-22 所示,在对制约高职院校思政课实践教学的因素调查中,有 43 名被调查的高职院校思政课教师选择了"学校保障鼓励机制不健全",占到被调查教师总数的 53. 75%,该因素也是被调查的高职院校思政课教师所认为的制约高职院校思政课实践教学的首要因素。"思政部单打独斗势单力薄"成了被调查的高职院校思政课教师认为仅次于"学校保障鼓励机制不健全"排

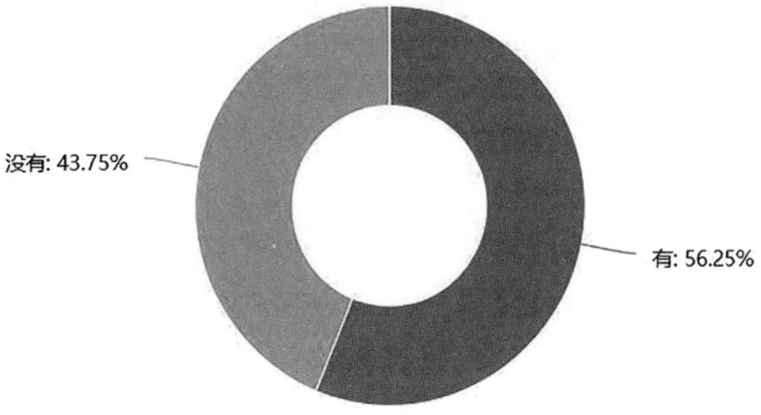

图 3-20 高职院校思政教师所在学校是否有思政课的实践教学基地

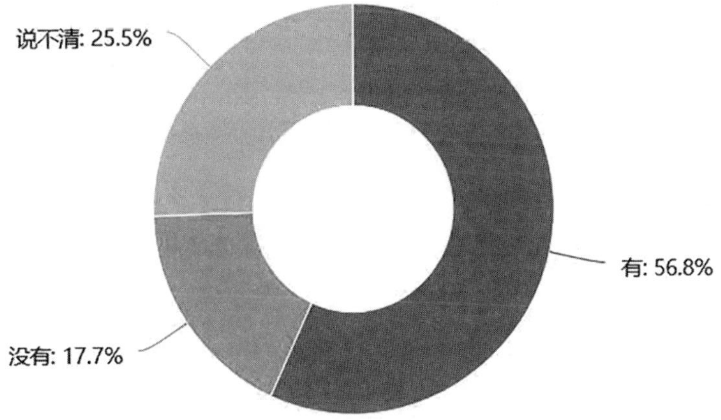

图 3-21 高职学生所在学校是否有专门供思政课实践教学的基地或场地

在第二位的制约高职院校思政课实践教学因素,有 40 位被调查高职院校思政课教师选择,占到被调查教师总数的 50%。“学生安全、资金等矛盾不可调和”和“思政课实践教学课时不足”是被调查高职院校思政课教师认为制约高职院校思政课实践教学的并列第三的因素,分别都有 35 位被调查高职院校思政课教师选择,占到被调查教师总数的 43.75%。通过上述问卷数据统计可以发现,一是部分高职院校对于思政课实践教学的重视和支持可能仅仅停留在口头上，对于保障和鼓励思政课教师开展实践教学的体制机制并不健全，从而不能真正有效地推动学校的思政课实践教学深入发展。二是受到传统固化思想影响，在新时代的今天还没有真正树立起“实践育人”意识，因此对于本学校的思政课实践教学也缺乏宏观整体上统一谋划，学校各思政教育部门间无法形成良性的实践育人协同机制，因此高职院校思政课实践教学依旧是思政课教学部门的“独角戏”，没有形成多部门协同联动的实践育人“大合唱”。三是高职院校从学校层面没能真正帮助思政课教师解决在开展实践教学时可能会遇到的学生安全、课时有限、实践经费等实际问题，使得制约思政课实践教学的一些矛盾问题始终存在而得不到切实有效地解决。

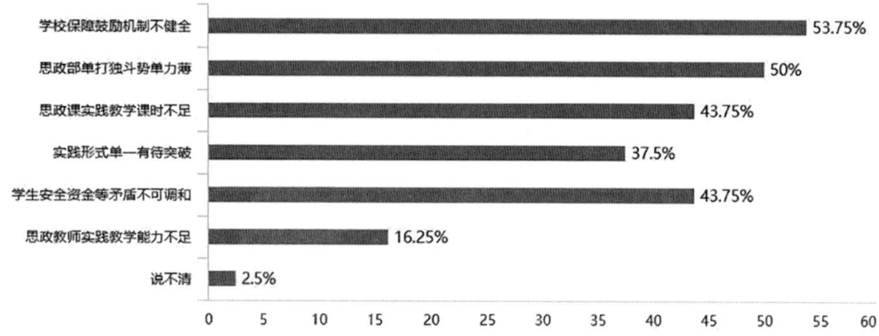

图 3-22　高职院校思政课教师认为制约思政课实践教学开展的主要因素

思政课的实践教学开展是思政课教学部门责无旁贷的义务和必须要保质保量完成的教学任务之一。但仅仅依靠思政课教学部门来开展实践教学是难持续推动思政课实践教学深入发展，正所谓“众人拾柴火焰高”，要探索构建适合高职院校的思政课实践教学体系就要求高职院校从学校层面树立“实践育人”意识，围绕“立德树人”这一根本任务统谋划思政教育实践育人模式，并出台支持、鼓励和保障思政课实践教学的相关制度或文件，从制度层面保障思政课实践教学顺利开展和持续深入健康发展。

二、思政课实践教学规范性有所欠缺

当前我国绝大部分的高职院校思政课实践教学已经成为思政课教学中不可或缺的重要组成部分，但通过本次问卷调查也同样发现，高职院校的思政课实践教学开展还有待进一步规范。

首先，思政课实践教学并没有完全落实国家关于思政课实践教学的有关要求和规定。如图 3-23 所示，在针对高职院校思政课教师所在学校的思政课实践教学是否单列课程单设学分的问卷调查中，仅有 23 名被调查的高职院校思政课教师所在的学校思政课实践教学“单列课程单设学分”，仅占到被调查教师总数的 28.75%。有 10 名被调查的高职院校思政课教师所在学校的思政课实践教学“单列课程不单设学分”，占到被调查教师总数的 12.5%。有 8 名被调查的高职院校思政课教师所在学校的思政课实践教学“不单列课程但单设学分”，占到被调查教师总数的 10%。有 34 名被调查的高职院校思政课教师所在的学校思政课实践教学“不单列课程也不单设学分”，占到被调查教师总数的 42.5%。上文在阐述高职教育和普通高校教育中思政课实践教学方面的异同点时就已经提及，早在 2018 年 4 月 12 日教育部就印发的《教育部关于印发〈新时代高校思想政治理论课教学工作基本要求〉的通知》，在《新时代高校思想政治理论课教学工作基本要求》中明确提出，“从本科思想政治理论课现有学分中划出 2 个学分、从专科思想政治理论课现有学分中划出 1 个学分，开展本专科思想政治理论课实践教学”。而通过此次问卷调查发现，仅有 31 名被调查的高职院校思政课教师所在学校的思政课实践教学单设了实践教学学分，其比例仅占被调查教师总数的 38.75%。44 名被调查的高职院校思政课教师所在学校的思政课实践教学还没有单设学分，占到了被调查教师的一半以上，达到了 55%。思政课的实践教学连学分都没有要求，也就很难保证其思政课的实践教学是规范开展的。因此这一问卷调查的统计数据必须引起我们的高度关注,因为有一半被调查思政课教师所在的学校时至今日还没有将教育部2018年提出的有关高校思政课实践教学的学分要求落实到位,这既无法充分表现出高职院校从学校层面对于思政课实践教学的高度重视和支持,也会对其学校的思政课实践教学的规范有序开展造成极其不良的影响。

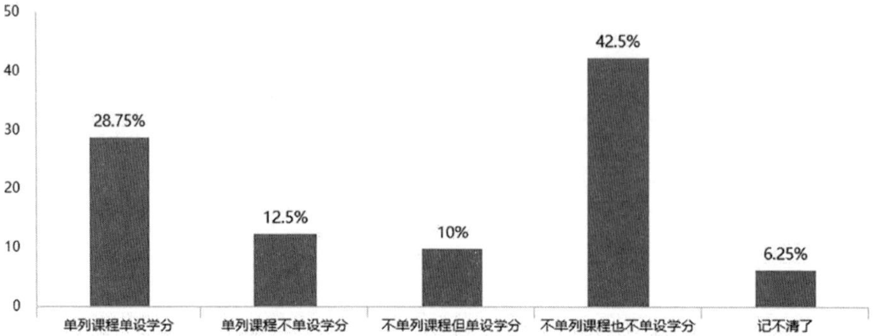

图3-23　高职院校思政课教师所在学校思政课实践教学是否单列课程单设学分

其次,高职院校思政课实践教学的学时安排不够科学。受到思政课实践教学学分落实不到位的直接影响,各高职院校思政课实践教学的学时安排也是五花八门。如图3-24所示,在对高职院校思政课教师所在学校的每门思政课每学期规定的实践教学课时问卷调查中,被调查的高职院校思政课教师的选择真是有些让人大吃一惊。在"思想道德修养与法律基础"课程中有29名被调查的思政课教师选择了其所在学校该门课程每学期规定开设1—4课时的实践教学,占到被调查教师总数的36.25%。有20名被调查的思政课教师选择了其所在学校该门课程每学期规定开设5—8课时的实践教学,占到被调查教师总数的25%。有7名被调查的思政课教师选择了其所在学校该门课程每学期规定开设9—12课时的实践教学,占到被调查教师总数的8.75%。还有8名被调查的思政课教师选择了其所在学校该门课程每学期规定开设13—16课时的实践教学,占到被调查教师总数的10%。甚至有4名被调查的思政课教师选择了其所在学校该门课程每学期规定开设16课时以上的实践教学,占到被调查教师总数的5%。

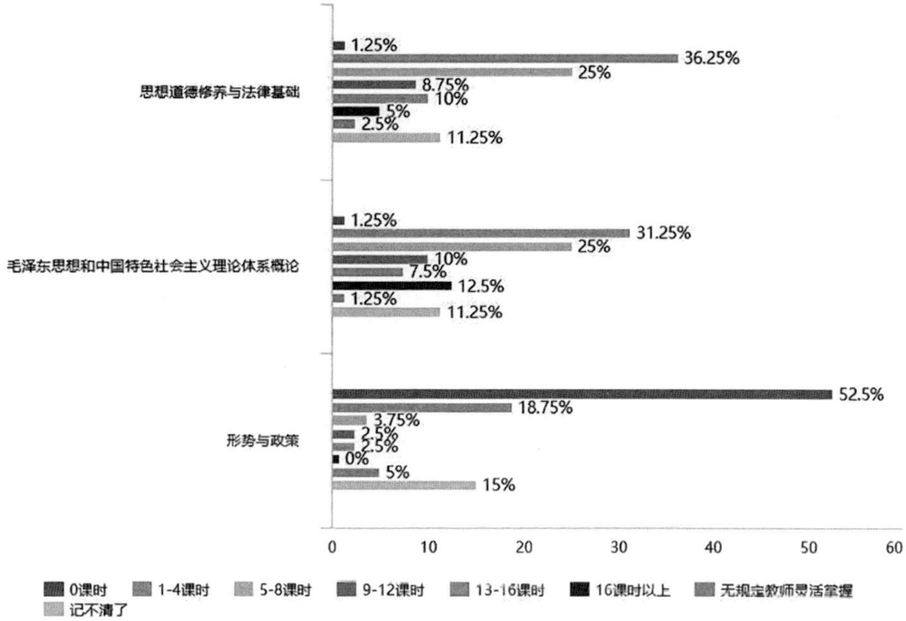

图 3-24 高职院校思政课教师所在学校每门思政课每学期规定的实践教学课时

在“毛泽东思想和中国特色社会主义理论体系概论”课程中，有 10 名被调查的思政课教师选择了其所在学校该门课程每学期规定开设 16 课时以上的实践教学，占到被调查教师总数的 12.5%。有 6 名被调查的思政课教师选择了其所在学校该门课程每学期规定开设 13—16 课时的实践教学，占到被调查教师总数的 7.5%，有 8 名被调查的思政课教师选择了其所在学校该门课程每学期规定开设 9—12 课时的实践教学，占到被调查教师总数的 10%。同样也有 20 名被调查的思政课教师选择了其所在学校该门课程每学期规定开设 5—8 课时的实践教学，占到被调查教师总数的 25%。还有 25 名被调查的思政课教师选择了其所在学校该门课程每学期规定开设 1—4 课时的实践教学，占到被调查教师总数的 31.25%。

在“形势与政策”课方面，有 42 名被调查的思政课教师选择了其所在学校该门课程每学期规定开设的实践教学课时数为 0，占到被调查教师总数的 52.5%。其次是有 15 名被调查的思政课教师选择了其所在学校该门课程每学期规定开设1—4课时的实践教学，占到被调查教师总数的18.75%。有3名被调查的思政课教师选择了其所在学校该门课程每学期规定开设5—8课时的实践教学，占到被调查教师总数的3.75%。还分别都有2名被调查的思政课教师选择了其所在学校该门课程每学期规定开设9—12课时和13—16课时以上的实践教学，分别占被调查教师总数的2.5%。上述问卷调查统计数据反映出了各高职院校在思政课实践教学的学时安排方面可谓是五花八门、各不相同。由此可见，即使是落实了教育部关于高校思政课实践教学学分的高职院校按照2019年6月5日教育部印发的《教育部关于职业院校专业人才培养方案制订与实施工作的指导意见》中规定的“一般以16—18学时计为1个学分”的要求开展思政课实践教学学时的学校也并不多。

高职院校思政课实践教学的课时安排差异较大同样也在对高职学生的问卷调查中得到了体现，如图3-25所示，在对高职学生每学期每门思政课用时实践教学的课时调查中，有716名高职学生选择了“4课时以下”，占到被调查学生总数的28.05%。有690名高职学生选择了“5—8课时”，占到被调查学生总数的27.03%。也有292名高职学生选择了“9—12课时”，占到被调查学生总数的11.44%。还有128名高职学生选择了“13—16课时”，占到被调查学生总数的5.01%。更有190名高职学生选择了“16课时以上”，占到被调查

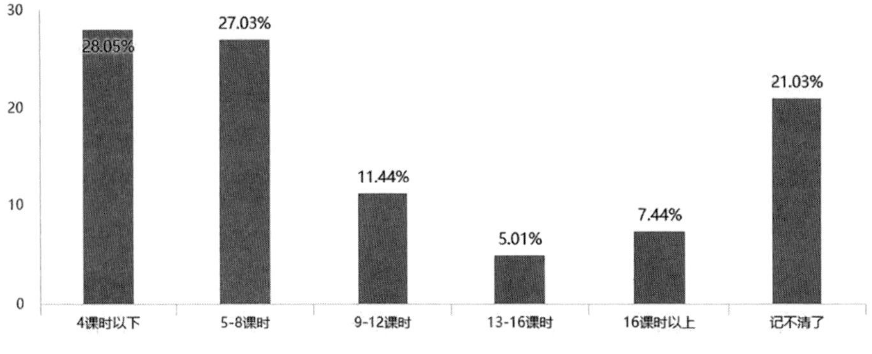

图3-25　高职学生所在学校的每门思政课每学期用于实践教学的课时

学生总数的7.44%。另外甚至有537名高职学生选择了“记不清”,占到被调查学生总数的21.03%。由此则更加证明了当前各高职院校思政课在开展实践教学的学时安排上差异较大。在其思政课的实践教学课时安排方面落实好教育部关于高校思政课实践教学要求和提升思政课实践教学的规范性方面都还有待进一步加强。

最后,高职院校有关思政课教师开展实践教学的考核并不健全。在此次问卷调查中,如图3-26所示,在对“您所在学校是否有关于思政课教师实践教学的考核”的问题回答上,仅有36名高职院校思政课教师所在学校有关于思政课教师实践教学的考核,仅占被调查教师总数的45%。有37名高职院校思政课教师所在学校没有关于思政课教师实践教学的考核,占到了被调查教师总数的46.25%,另有7名高职院校思政课教师记不清所在学校是否有关于思政课教师实践教学的考核,占被调查教师总数的8.75%。笔者认为选择“记不清”的高职院校思政课教师所在学校要么是没有关于思政课教师实践教学的考核,要么就是即便有关于思政课教师实践教学的考核也是形同虚设,才让其印象不深刻而选择了“记不清”这个模棱两可的选项。通过这一问卷调查的统计数据可以发现,仅有不足一半的高职院校思政课教师所在学校有

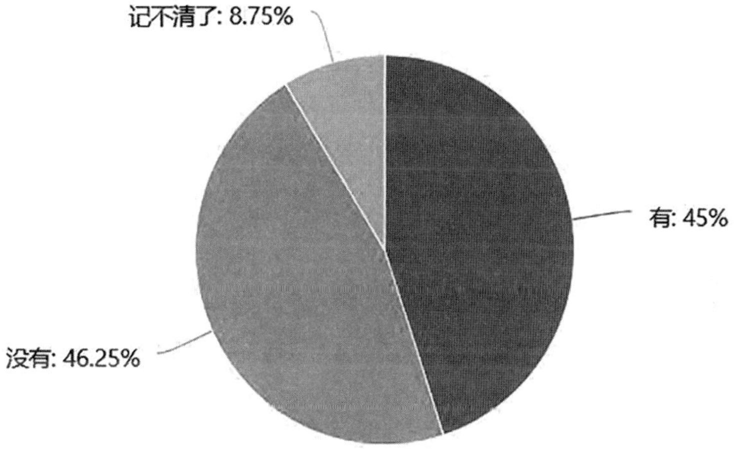

图3-26　高职院校思政课教师所在学校是否有关于思政课教师实践教学的考核

关于思政课实践教学的考核。只有思政课实践教学的组织和开展而没有有关思政课教师开展实践教学的考核,就很难体现出其思政课实践教学是规范的。并且因为没有了相关考核的约束,会直接导致高职院校思政课教师降低对于思政课规范开展实践教学的重视程度,也就致使不同高职院校间的思政课实践教学的课时设置呈现出了如此巨大的差异,同时将使思政课实践教学的效果大打折扣。

总而言之,当前大部分高职院校没有能够落实教育部关于高校思政课实践教学的学分要求的相关规定;高职院校思政课实践教学的开设课时和其对应的学分要求也并不太吻合;没有建立起有关思政课教师实践教学的考核机制,这都是高职院校思政课实践教学规范性有待进一步加强的具体体现。究其原因,客观上来说是高职院校没有能够形成规范思政课实践教学的体制机制,主观上来说还是对思政课实践教学的认识有待进一步端正。

三、思政课实践教学特色不够明显

不可否认,时至今日各高职院校思政课实践教学已经形成了较为成熟和丰富多样的实践教学形式。但通过此次问卷调查也同样发现,高职院校思政课实践教学并没有充分彰显出高职教育应有的特色。

高职院校思政课实践教学特色不够明显首先体现在高职院校思政课较为广泛运用的实践教学形式依旧较为传统。在此次问卷调查中,如图 3-27 所示,在对高职院校思政课教师所运用过的实践教学形式的调查中,问卷中所罗列出的"校内外思政实践教学基地(博物馆、纪念馆)参观""校内外专业实习实训基地企业学访""影片观摩""读书交流""小组研讨""社会调研""志愿服务""典型人物寻访""新闻/时事播报""学生公开课""情景剧""主题朗诵/合唱"和"基于信息化的虚拟体验实践教学"13 种实践教学形式,虽然每一种都不同程度地在高职院校思政课教师的实践教学中出现过,但从其分布比例上来看,被高职院校思政课教师运用最多的前三种实践教学形式是“影片观摩”“校内外思政实践教学基地(博物馆、纪念馆)参观”和“小组研讨”,分别有47名、46名和36名高职院校思政课教师选择,占到了被调查教师总数58.75%、57.5%和45%。通过上述问卷调查的统计数据以及对高职院校思政课教师在课堂及校园内所经常运用的实践教学形式的问卷调查的统计数据便可以发现,高职院校思政课实践教学特色不够明显。这一问题首先就体现在,当前高职院校思政课教师所经常采用的实践教学形式依旧是包括普通高校教育在内的高等学校所经常使用的较为传统的实践教学形式,这就使得高职教育思政课实践教学形式和普通高校教育思政课实践教学形式呈现出了同化趋势,更谈不上在思政课实践教学中体现出高职教育的特色。

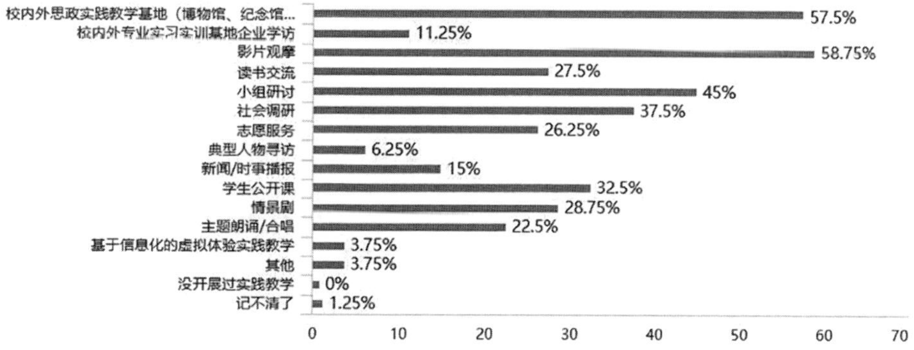

图3-27　高职院校思政课教师运用过实践教学形式

其次是充分彰显高职教育特色的实践教学形式并没有被广泛运用于高职院校思政课实践教学之中。如图3-28所示,在对高职院校思政课教师在组织思政课实践教学时是否做到了与学生的职业、专业相结合的问卷调查中,虽然有55名高职院校思政课教师认为自己在组织思政课实践教学时做到了与学生的职业、专业相结合,占到了被调查教师总数的68.75%。但依旧有23名高职院校思政课教师认为自己在组织思政课实践教学时并没有做到与学生的职业、专业相结合,其比例也占到了被调查教师总数的28.75%。这一问卷调查的统计数据则表明,还有近三分之一的高职院校思政课教师在其开展的实践教学过程中还是仅仅侧重于就思政课的教学内容开展实践教学,并没有将思政课的教学内容和高职学生的专业或者职业实际充分具体地结合在一起。

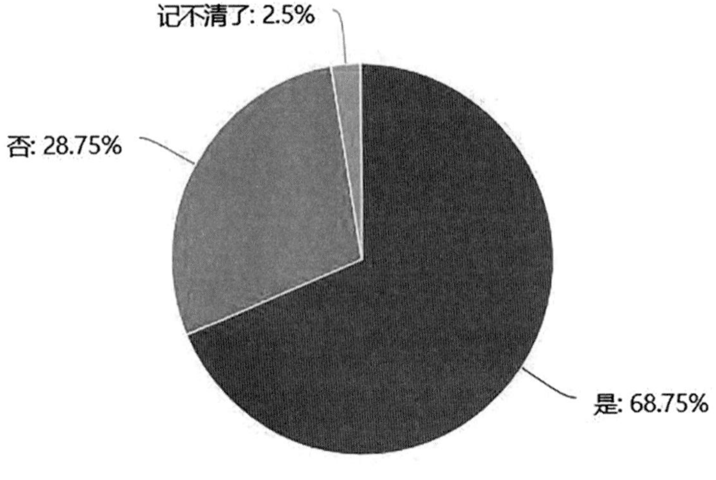

图 3-28 高职院校思政课教师组织实践教学时是否做到了与学生职业、专业相结合

并且如图 3-29 所示,在对高职院校思政课教师是否组织过学生到其专业所在的校内外实习实训基地开展过实践教学的问卷调查中,仅有 26 名高职院校思政课教师选择了“是”,其仅占被调查教师总数的 32. 5%;而有 50 名高职院校思政课教师直接选择了“否”,其比例高达被调查教师总数的 62. 5%。该问卷调查的数据则表明当前仅有三分之一的高职院校思政课教师在学生所学专业的校内外实习实训基地开展过思政课的实践教学。其一方面反映了当前高职院校思政课实践教学在与高职学生的职业、专业的融合方面还有一些差距,另一方面也进一步证明了当前高职院校思政课实践教学对于高职教育的人才培养定位的职性特点的体现还有待凸显。

最后,高职院校思政课实践教学在与时俱进地跟上时代步伐方面还需要进一步提升。随着“互联网+”的不断发展和普及,尤其是 2020 年突如其来的新冠肺炎疫情,使得“互联网+教育”已经成为近一段时间教育发展的趋势。因此作为意识形态教育主阵地的思政课也必须要适应时代发展潮流,如何充

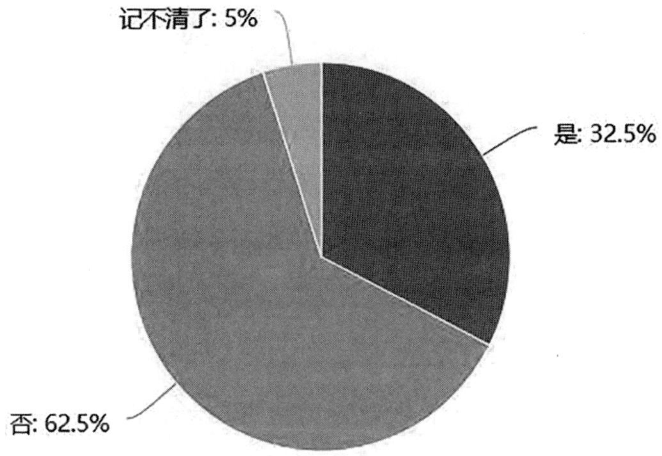

图 3-29　高职院校思政课教师是否在学生所在专业的校内外实习实训基地开展过实践教学

分借助“互联网+”的优势，利用现代信息化技术手段对高职学生开展思政课实践教学已经成为每一所高职院校必须要回答好的问题之一。但还如图 3-27 所示，在对高职院校思政课教师运用过的实践教学形式的问卷调查中，仅有 3 名高职院校思政课教师选择运用过“基于信息化的虚拟体验实践教学”，其比例仅占到了被调查教师总数的 3.75%，排在高职院校思政课教师运用过的实践教学形式的最后一位。其表明当前绝大部分高职院校在利用信息技术手段开展好具有自身特色的思政课实践教学方面还存在着许多有待突破的方面。

综上所述，当前虽然绝大部分高职院校都在如火如荼地开展着形式多种多样的思政课实践教学，但能够紧跟时代步伐，充分体现高职教育特色的思政课实践教学形式并不太多。当然，造成高职院校思政课实践教学特色不明显也是高职院校从学校到思政课教师等多方面原因共同作用的结果，但高职院校思政课教师有关实践教学改革创新意识和能力肯定是制约高职院校思政课实践教学形式特色不鲜明的重要原因之一。如图 3-30 所示，在针对高职院校思政课教师参加有关思政课实践教学培训或者会议的频次调查发现，有 22 名高职院校思政课教师近三年来参加有关思政课实践教学的培训或会议的次数为0次，其比例高达被调查教师总数的27.5%。并且有46名高职院校思政课教师近三年来参加有关思政课实践教学的培训或会议的次数为1—3次，占到被调查教师总数的57.5%。只有6名高职院校思政课教师三年来参加有关思政课实践教学的培训或会议的次数为5次以上，仅占到被调查教师总数的7.5%。由此可见，平均下来绝大部分高职院校思政课教师每一年参加有关思政课实践教学培训或者会议的次数不足1次。缺乏关于思政课实践教学培训和会议的充分参与，高职院校的思政课教师很难第一时间接触和学习到有关思政课实践教学的最新精神和优秀经验，会直接影响到高职院校思政课教师对于实践教学改革创新意识和能力的提升，最终也就使得高职院校思政课实践教学形式依旧较为传统陈旧，无法跟上时代进步的步伐，就更谈不上凸显出高职院校思政课实践教学应有的鲜明特色了。

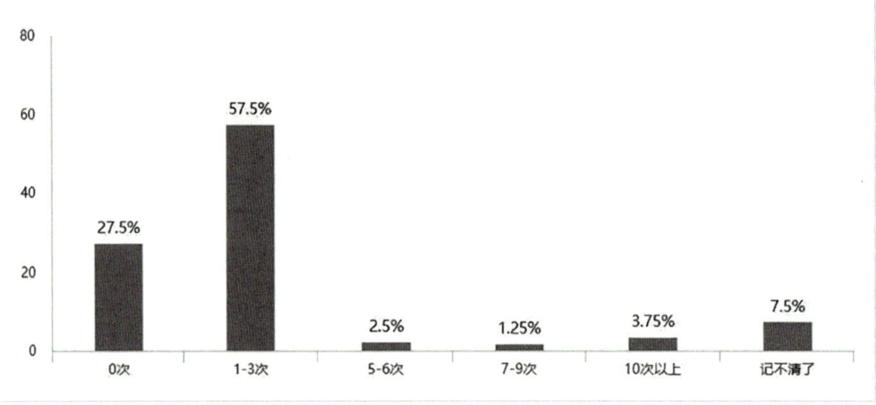

图3-30　高职院校思政课教师近三年参加有关思政课实践教学的培训或会议次数

四、思政课实践教学效果还需进一步提升

作为思政课课堂教学有益补充的实践教学，它的开展归根结底就是为了更好地完成思政课的教育教学目标，夯实思政课的教学效果。通过本次问卷

调查同样发现,如图 3-31 所示,在对高职院校思政课教师有关自己所在学校的思政课实践教学效果的调查中,仅有 29 名高职院校思政课教师认为其所在学校的思政课实践教学的“效果很好”,仅占到被调查教师总数的 36.25%。而有 44 名高职院校思政课教师认为其所在学校的思政课实践教学的“效果一般”,占到了被调查教师总数的 55%。还有 5 名高职院校思政课教师认为其所在学校的思政课实践教学的“效果很小”,占到被调查教师总数的 6.25%。甚至还有 2 名高职院校思政课教师直接认为其所在学校的思政课实践教学“毫无效果”,占到被调查教师总数的 2.5%。即便是对不足 10%的高职院校思政课教师的“效果很小”和“毫无效果”的评价忽略不计,依旧有一半多的高职院校思政课教师对其自己所在学校的思政课实践教学所达到的效果并不十分满意。

与此同时,在对高职学生有关思政课实践教学效果的调查中也同样如图 3-32 所示,仅有 1134 名高职学生认为参与思政课实践教学后“完全达到预期效果”,仅占被调查学生总数的 44.42%。而有 1056 名高职学生认为参与思政课实践教学后“有些效果,但效果一般”,其比例占到了被调查学生总数的 41.36%。另外分别有 49 名和 314 名高职学生认为参与思政课实践教学后

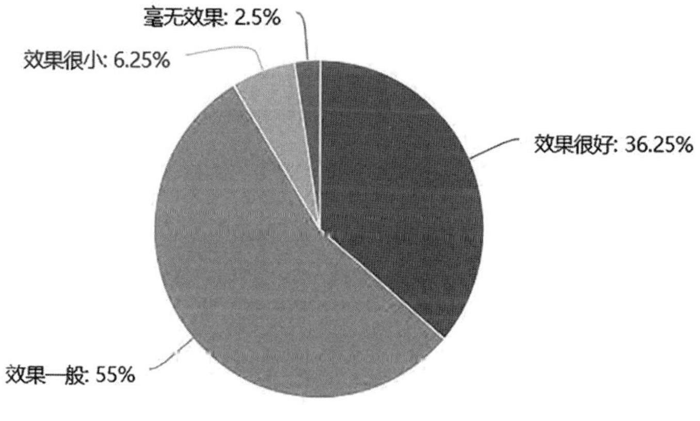

图 3-31　高职院校思政课教师对其所在学校的思政课实践教学效果评价

“毫无效果可言”和“说不清”。占到了被调查学生总数的 1.92%和 12.3%。通过上述问卷统计数据可以明显看到,无论是高职院校思政课教师抑或者是高职学生对其学校开展的思政课实践教学的效果都不十分满意。

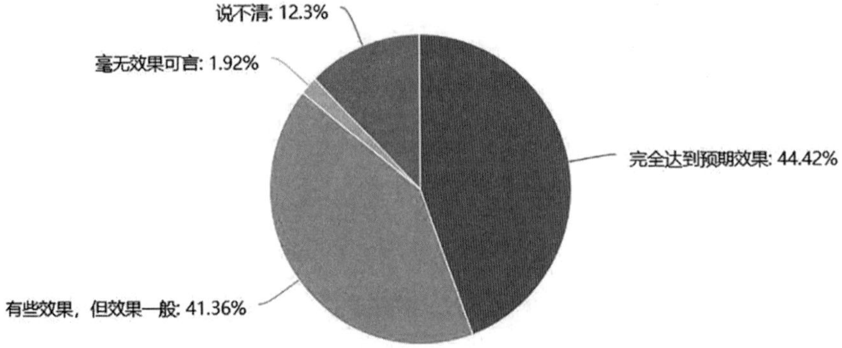

图 3-32 高职学生对其所在学校的思政课实践教学效果评价

对于高职院校思政课实践教学效果欠佳的主要原因除上述思政课实践教学开展没有形成合力、规范性不强和形式较为传统陈旧等因素之外,如图 3-33、3-34 所示,思政课的班级学生人数较多和每一名高职院校思政课教师所教授的学生人数的不太均衡导致了思政课实践教学效果大打折扣。在对高职学生思政课班级人数数量的调查中有 930 名高职学生所在学校的思政课班级人数为“50 人以下”,占到被调查学生总数的 36.43%,有 1275 名高职学生所在学校的思政课班级人数为“51—100 人”,占到被调查学生总数的 49.94%。也有 246 名高职学生所在学校的思政课班级人数为“101—150 人”,占到被调查学生总数的 9.64%。另外分别有 54 名和 48 名高职学生所在学校的思政课班级人数为“151—200 人”和“200 人以上”,占到被调查学生总数的 2.12%和 1.88%。通过高职学生的问卷统计数据可以较为欣喜地发现,绝大部分高职院校较好地落实了教育部关于高校思政课所倡导的中班规模授课的规定要求。并且有三分之一的高职院校的思政课实现了小班授课,班级学生人数对于思政课教师组织开展思政课实践教学有着十分直接的影响,即使是当前高职院校中班教学的学生人数规模与专业课程学习的班级人数规模相比依旧大了不少。而且班级学生数量的多少又将直接影响到思政课教师对于实践教学形式的选择和开展,从而制约思政课实践教学效果的提升。

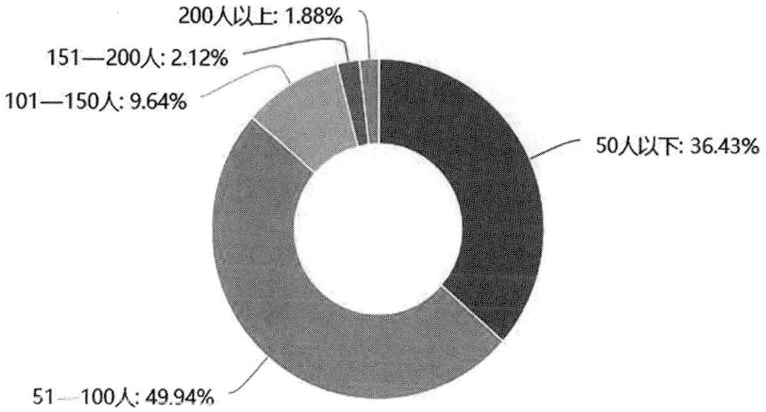

图 3-33 高职学生对其所在学校的思政课班级人数

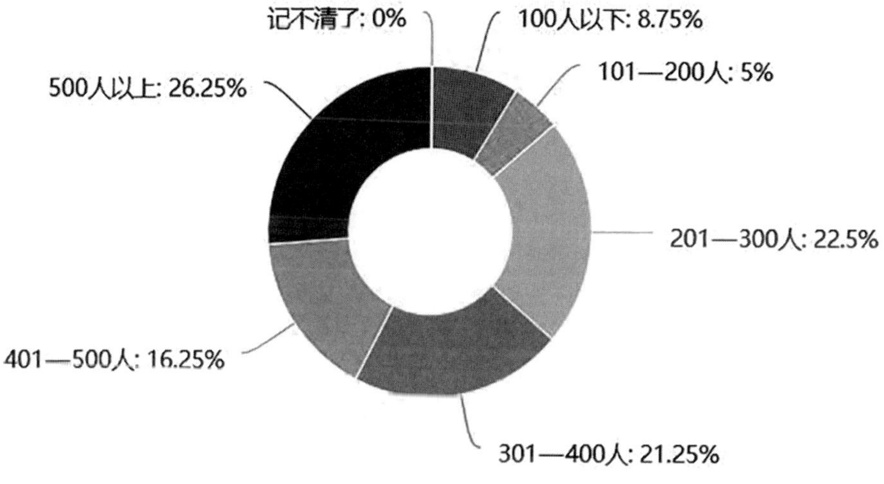

图 3-34　高职院校思政课教师每学期所教授学生数量

并且,在对高职院校思政课教师的调查中更是发现,当前高职院校思政课教师每学期所教授的学生数量也十分庞大。有 21 名高职院校思政课教师每学期所教授的学生数量达到了 500 人以上，占到了被调查教师总数的 26.25%。还有 13 名高职院校思政课教师每学期所教授的学生数量是 401—500 人，占到了被调查教师总数的 16.25%。也有 17 名高职院校思政课教师每学期所教授的学生数量分别是 301—400 人，占到了被调查教师总数的 21.25%。另有 18 名高职院校思政课教师每学期所教授的学生数量分别是 201—300 人，占到了被调查教师总数的 22.5%。只有 11 名高职院校思政课教师每学期所教授的学生数量在 200 人以下，其中 101—200 人和 100 人以下的分别只有 4 名和 7 名教师，仅占被调查教师总数的 5%和 8.75%。

在 2020 年 1 月 7 日教育部第 1 次部务会议审议通过的于 2020 年 3 月 1 日起正式施行的《新时代高等学校思想政治理论课教师队伍建设规定》①中明确规定“高等学校应当根据全日制在校生总数，严格按照师生比不低于 1:350 的比例核定专职思政课教师岗位。公办高等学校要在编制内配足，且不得挪作他用。”教育部这一《规定》的颁布出台一方面既可以看到党和国家在新时代对于思政课的高度关心和重视，另一方面也能反映出在以往长时间以来各高校都不同程度地存在思政课教师严重不足的现象，而这一短板在以往更加注重对学生专业技能培养的高职院校则表现得更为明显。而通过上述有关高职院校思政课教师每学期教授的学生人数的统计数据的分布比例也可以发现，当前绝大多数的高职院校已经较好地贯彻落实了教育部关于配齐高校思政课教师的规定，弥补了长时间以来制约思政课教学发展的短板。但具体到每一名高职院校思政课教师每学期所教授的学生人数，也呈现出了并不太均衡的表现。应该说，即便是每名思政课教师均衡对应 350 名学生来开展实践教学，想要达到较好的实践教学效果可能都会存在不小的压力，更何况每学期要教授 500 名以上学生的高职院校思政课教师，既要开展和组织起实践教学，还要能够达到预期实践教学效果，这就更是难上加难了。

① 中华人民共和国教育部官网，http://www.moe.gov.cn/srcsite/A02/s5911/moe_621/202002/t20200207_418877.html，2020-01-16。

由此可见,思政课班级人数和高职院校思政课教师所讲授学生的多少都会对思政课实践教学的效果产生十分重要的影响。

其次,高职院校思政课实践教学的考核约束还有待进一步提升。在本次问卷调查中,如图3-35所示,在对高职院校思政课教师所在学校的实践教学在思政课总成绩中的所占比例的调查中,有45名高职院校思政课教师选择了其所在学校的思政课实践教学成绩占其课程的总成绩的10%—30%,占被调查教师总数的56.25%。还有17名高职院校思政课教师所在学校的思政课实践教学成绩仅占其课程的总成绩的10%以下,占到被调查教师总数的21.25%。甚至也有5名高职院校思政课教师所在学校的思政课实践教学成绩根本就不计入思政课课程总成绩,占到被调查教师总数的6.25%。仅有6名高职院校思政课教师所在学校的思政课实践教学成绩占其课程的总成绩的30%以上,仅占到被调查教师总数的7.5%。其中思政课实践教学成绩占其课程总成绩的31%—50%的为4名教师,思政课实践教学成绩占其课程的总成绩50%以上为2名教师。分别占了被调查教师总数的5%和2.5%。

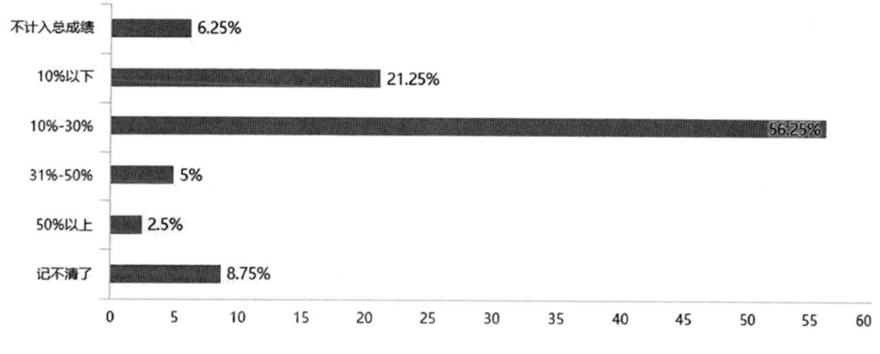

图3-35　高职院校思政课教师所在学校思政课实践教学成绩占课程总成绩的比例

对于落实教育部关于高等学校思政课实践教学单列学分的规定要求,高职院校思政课实践教学是否也需要单列成绩还有许多需要探索的方面,但仅从本次问卷的统计数据可以看出,当前大部分高职院校思政课实践教学成绩在其思政课总成绩的占比并不算高。因为思政课实践教学的考核对学生学习思政课的成绩约束力不强,也就直接导致思政课实践教学不能引起学生的高度重视,从而导致高职院校思政课实践教学效果大打折扣。

最后,高职院校思政课实践教学的成绩评定主体和方式仍欠多元化。在实践教学评价主体方面,如图 3-36 所示,在对高职院校思政课教师所在学校的思政课实践教学成绩评定主体的调查中,有 38 名高职院校思政课教师选择了“思政课教师单评”,占被调查教师总数的 47. 5%。还有 35 名高职院校思政课教师选择了“师生共评”,占被调查教师总数的 43. 75%。也有 4 名高职院校思政课教师选择了“学生互评”,占被调查教师总数的 5%。甚至还有 1 名高职院校思政课教师选择了“无评定主体”,但没有一位高职院校思政课教师选择“第三方评定”。如图 3-37 所示,当前高职院校思政课实践教学的成绩评定主体在对高职学生的问卷中也得到了大致相当回答。在被调查的 2553 名高职学生中,有 1429 名学生所在学校的思政课实践教学成绩由“思政课教师单评”,占到被调查学生总数的 55. 97%。也有 663 名学生所在学校的思政课实践教学成绩由“师生共评”,占到被调查学生总数的 25. 97%。还有 266 名学生所在学校的思政课实践教学成绩由“学生互评”,占到被调查学生总数的 10. 42%。

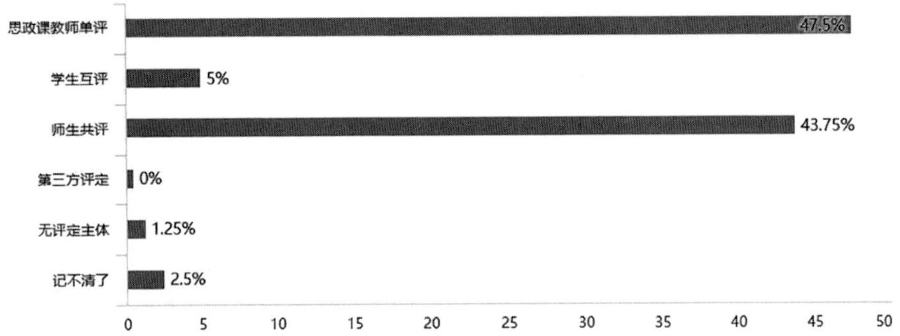

图 3-36　高职院校思政课教师所在学校思政课实践教学成绩评定主体

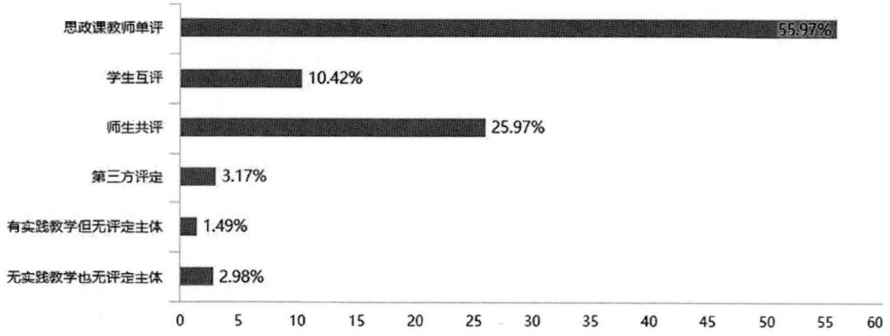

图 3-37 高职学生所在学校思政课实践教学成绩评定主体

上述思政课实践教学的成绩评定主体中,思政课教师由于其每学期所带学生人数较多,很难保证能够对每一名学生作出最为客观的实践教学评价,而高职学生受到其对思政课实践教学认知水平和情感态度的影响也很难对其同学的思政课实践教学作出较为科学的评价,而师生互评虽然一定程度上弥补了教师和学生单独评定的实践教学成绩的某些不足,但对于真正科学客观地体评价出每一名参与思政课实践教学学生的实际表现也是非常不容易的。所谓"当局者迷,旁观者清",想要科学客观地对高职学生参与思政课实践教学作出评价,在评价主体上必须要学习借鉴某些专业课程中的引入第三方评价主体。当然对于如何引入以及如何具体让第三方主体对高职学生参与思政课实践教学作出评价还有很多可以探讨的地方,但通过上述调查统计数据可以发现,当前高职院校思政课实践教学的第三评定是极其缺乏的。

在实践教学评价方式方面,如图 3-38 所示,在对高职学生所在学校思政课实践教学主要考核依据的调查中,有 1403 名高职学生所在学校是"依据实践教学作业/论文/报告考核",占到了被调查学生总数的 54. 95%。有 434 名高职学生所在学校是"依据实践心得体会分享考核",占被调查学生总数的 17%。还有 17 名高职学生所在学校是"依据实践出勤情况考核",占到被调查学生总数的 20. 37%。另外更有 196 名高职学生选择了其所在的学校没有针对思政课实践教学的考核,也占到了被调查学生总数的 7. 68%。

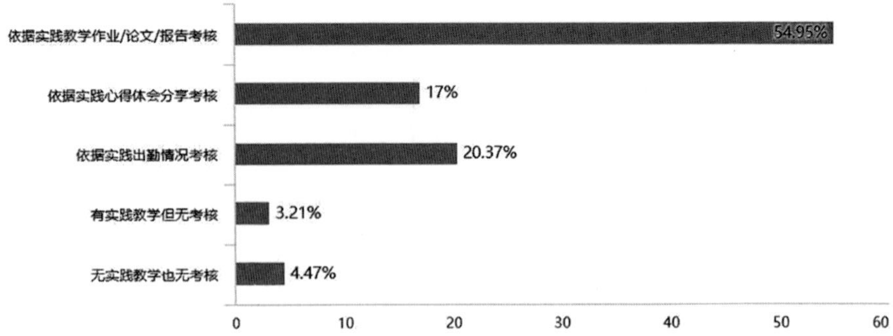

图 3-38　高职学生所在学校思政课实践教学考核依据

当然,对于学生参与思政课实践教学的作出科学客观地评价本就是一件非常不容易的事情,但上述统计数据还是能够反映出当前高职院校思政课实践教学的评价方式较为传统。这种评价方式虽然可以部分地表现出学生在参与思政课实践教学的情况,但还是很难科学客观地反映出学生进行思政课实践教学的全貌。

不可否认,对于思政课实践教学科学客观地评价和其效果的真正落实是长久以来始终困扰很多高职院校思政课教师的重要问题之一。决不能因为这一问题不好解决就对它置之不理。笔者认为,对于思政课实践教学的效果不仅要看高职学生在参与完思政课实践教学后是怎么想的,更要看到其在实践教学过程中是怎么做的。因此,要真正提升思政课实践教学的效果,就必须把握住高职学生在参与思政课实践教学前后是“怎么想”和参与思政课实践教学过程中是“怎么做”这两个关键问题,不断丰富思政课实践教学评价主体和方式,提升思政课实践教学考核对学生的主客观约束力。高职院校思政课实践教学的效果定能进一步提升和夯实。

总而言之,要全面地看到当前高职院校思政课实践教学所取得的成绩,也要清醒地认识到高职院校思政课实践教学还有有待突破的瓶颈,巩固住成果,突破瓶颈,高职院校思政课定能构建起适合和彰显其自身特色的思政课实践教学体系。

第四章
高职院校思政课实践教学体系构建的重要意义

2012 年 1 月 10 日，教育部、中共中央宣传部、财政部、文化部、中国人民解放军总参谋部、中国人民解放军总政治部和共青团中央七部门联合印发的《教育部等部门关于进一步加强高校实践育人工作的若干意见》[①]（教思政〔2012〕1 号）文件中明确提出，“实践教学是学校教学工作的重要组成部分，是深化课堂教学的重要环节，是学生获取、掌握知识的重要途径”。要端正高职院校对思政课实践教学的认知，要提升高职院校思政课实践教学的效果并最终构建起适合于高职院校思政课实践的教学体系，在全面了解和掌握当前高职院校思政课实践教学现状的基础上，还必须要深刻地理解构建起适合于高职院校思政课实践教学体系的理论与现实意义。

① 中华人民共和国教育部官网，http://www.moe.gov.cn/srcsite/A12/moe_1407/s6870/201201/t20120110_142870.html，2012-01-10。

第一节　高职院校思政课实践教学体系构建的理论意义

思政课本身就是一门理论性很强的课程,理论既来源于实践,又要高于实践,并且又要反过来指导实践。在新时代大思政格局视角下构建起适合高职院校思政课实践教学体系对于彰显思政课本质属性和凸显高职教育个性特点方面都具有十分重要的理论意义。

一、有助于彰显思政课的本质属性

习近平总书记在其署名文章《思政课是落实立德树人根本任务的关键课程》中对于推动思想政治理论课改革创新,不断增强思政课的思想性、理论性和亲和力、针对性提出,思政课必须要始终坚持做到"政治性和学理性""价值性和知识性""建设性和批判性""理论性和实践性""统一性和多样性""主导性和主体性""灌输性和启发性"和"显性教育和隐性教育"这八个方面的"相统一"。其中在讲到"坚持理论性和实践性相统一"时,习近平总书记特别指出,"思政课要用科学理论培养人,遵循不同学段学生的认知规律,把马克思主义基本原理讲清楚、讲透彻。同时,马克思主义是在实践中形成并不断发展的,要高度重视思政课的实践性,把思政小课堂同社会大课堂结合起来,在理论和实践的结合中,教育引导学生把人生抱负落实到脚踏实地的实际行动中来,把学习奋斗的具体目标同民族复兴的伟大目标结合起来,立鸿鹄志,做奋斗者”。其中强调的“要高度重视思政课的实践性”,充分地体现出思政课虽然是一门理论性较强的课程,但也必须要高度重视起其实践性。

对于实践的重要性,马克思早在《关于费尔巴哈的提纲》[①]中就明确指出,“从前的一切唯物主义包括费尔巴哈的唯物主义的主要缺点是:对事物、现实、感性,只是从客体地或者直观的形式去理解,而不是把它们当作感性的人的活动,当作实践去理解,不是从主体方面去理解”。并且“人的思维是否具有客观的真理性,这不是一个理论的问题,而是一个实践的问题。人应该在实践中证明自己思维的真理性,即自己思维的现实性和力量,自己思维的此岸性。关于思维——离开实践的思维——的现实性或非现实性的争论,是一个纯粹经院哲学的问题”。甚至“全部社会生活在本质上是实践的。凡是把理论引向神秘主义的神秘东西,都能在人的实践中以及对这个实践的理解中得到合理的解决”。

对于马克思在《关于费尔巴哈的提纲》中所提及的有关实践的认识论,习近平总书记早在2001年主政福建时就指出,“这就明确无误地向世人宣示,人的思维是否具有客观的真理性,是一个实践问题,人只有通过实践的检验才能证明自己的认识是否是真理,除此别无他途;只有那些能够经受住实践检验的认识才是真理,否则就不能称之为真理。由此也可以看出,马克思在这里实际上是将实践作为检验真理的标准提出来的,并为人们辨别什么是真理提供了一个最基本的尺度和方法。真理的检验标准问题是哲学中的一个至关重要的问题,对哲学乃至整个社会的发展具有十分重要的意义”。[②]

思政课就是要利用马克思列宁主义、毛泽东思想和中国特色社会主义理论体系中的科学的世界观、人生观、价值观来武装新时代人学生的头脑,让学生全面系统掌握运用马克思主义的基本观点、立场和方法来看待问题、分析问

---

① 中共中央马克思、恩格斯、列宁斯大林著作编译局主编《马克思恩格斯选集》第2版第1卷,人民出版社,1995,第54-57页。

② 习近平:《略论〈关于费尔巴哈的提纲〉的时代意义》,《中共福建省委党校学报》2001年第9期,第3-10页。

题和解决问题。它既要有知识的教授,更要有方法论的传授。而马克思主义有关实践的认识论明确告诉我们人只有在实践中才能认识真理,并且也只有实践才能检验真理。因此可以说思政课的课堂理论教学是一个让学生对理论知识即真理初步从感性认知层面上升到理性认知层面的过程,而思政课实践教学则是一个让学生通过各种实践教学活动再次从实践的感性层面来巩固和提升理性层面对理论知识即真理的认知和检验的过程。从而最终使学生能够从实践中受到启发,收获感悟,做到明辨美丑是非善恶,提高政治意识和素养。而思政课的实践教学本身就是思政课实践性的最为显著的体现,所以高职院校只有构建起有关思政课的实践教学体系才能充分地彰显思政课这一课程其本身所具有的特有本质属性。

二、有助于凸显高职教育的个性特征

在前序章节论述高职教育的重要地位和对高职教育与普通高校教育的异同点比较中都已经阐明,与普通高校教育相比,高职教育的教育特性决定了其人才培养定位的鲜明特点。在上文所提及的《教育部等部门关于进一步加强高校实践育人工作的若干意见》中对于高校的实践教学就明确指出,“各高校要结合专业特点和人才培养要求,分类制订实践教学标准,增加实践教学比重,确保人文社会科学类本科专业不少于总学分(学时)的15%、理工农医类本科专业不少于25%、高职高专类专业不少于50%,师范类学生教育实践不少于一个学期,专业学位硕士研究生不少于半年”。由此可见,基于高职教育人才培养定位的特性需求,承担着培养高技术高技能型人才使命的高职院校的实践教学至少要占到其专业学习的总学分学时的一半。

不可否认,当前绝大部分的高职院校都是非常重视实践教学的,但其实践教学更多的是倾向在专业课程之中,对于高职院校思政课实践教学而言,通过上一章节对当前高职院校思政课实践教学的问卷调查也可以发现,高职院校思政课实践教学无论是在学分上还是在学时上都远达不到思政课总学时或学分的50%。当然,在《新时代高校思想政治理论课教学工作基本要求》中也确实仅仅提出,要"从专科思想政治理论课现有学分中划出1个学分,开展本专科思想政治理论课实践教学"。《新时代高校思想政治理论课教学工作基本要求》中有关高职院校思政课实践教学的明确规定和要求毋庸置疑地使得新时代高职院校思政课实践教学有了明确统一的标准。从而更为有效地弥补以往高职院校思政课教学较为容易忽视实践教学的短板。对于这一思政课实践教学的规定要求,各高职院校应该也必须要结合自身实际来具体贯彻落实和实施。如果只是僵化教条地将《新时代高校思想政治理论课教学工作基本要求》中关于高职院校思政课实践教学的规定要求实施,其学校的思政课实践教学势必会因流于形式而很难发挥出应有的作用。

因此,要贯彻落实好党和国家对于思政课实践教学的规定要求,又要充分地彰显高职教育特色,高职院校就必须要紧紧围绕"立德树人"这一根本任务和高职教育人才培养定位,将思政课的具体理论教学内容、学生需求、专业特点和社会实际紧密结合起来,统筹思想政治素养和专业技术技能培养,从学校层面整体整合起能为思政课实践教学所用的全部实践教学资源,科学制定并形成规范化的思政课实践教学组织、开展和保障的制度机制,与时俱进地创新思政课实践教学模式,精心选取和周密设计思政课实践教学项目与方案,不断改进和完善思政课实践教学的考核与评价体制机制,构建起有助于促进思政课实践教学科学、规范、持续、深入发展的思政课实践教学体系。这一思政课实践教学体系的构建,将不仅仅能够较好地体现出思政课本身的本质属性,也更有助于避免高职教育中思政课实践教学与普通高校中的思政课实践教学趋同化,从而凸显出高职教育所应有的特色。

第二节　高职院校思政课实践教学体系构建的现实意义

作为高职院校,深入开展有关思政课实践教学的研究并构建起具有高职教育特色的思政课实践教学体系对于巩固和夯实高职院校思政课教学效果,提高高职院校思政课教师实践教学能力水平,拓展高职院校思政课实践教学研究,丰富课程思政协同育人形式,最终提升高职院校人才培养质量等方面具有十分重要的现实意义。

一、有利于巩固和夯实高职院校思政课教学效果

作为落实立德树人根本任务的关键课程,在新时代全力办好和上好思政课的重要意义其实已经无须多言,习近平总书记在《思政课是落实立德树人根本任务的关键课程》的署名文章中已经明确指出,“当前形势下,办好思政课,要放在世界百年未有之大变局、党和国家事业发展全局中来看待,要从坚持和发展中国特色社会主义、建设社会主义现代化强国、实现中华民族伟大复兴的高度来对待”。由此可见,思政课的效果好坏将直接影响到党和国家事业发展的全局,直接影响到中国特色社会主义现代强国建设和实现中华民族伟大复兴。因此,我们绝不能还目光短浅地把思政课作为是一门简简单单的理论课程来看待。而要从中华民族伟大复兴战略全局和世界百年未有之大变局这“两个大局”的宏观高度重新审视和对待思政课。习近平总书记的讲话既凸

显了新时代办好思政课的重要意义，也彰显了党和国家对思政课的高度关心、重视和所寄予的殷切期望。这也要求在新时代不仅要办好上好思政课，更要思政课办出和上出应有的效果。

习近平总书记在《思政课是落实立德树人根本任务的关键课程》的署名文章中在肯定了近些年来思政课建设所取得的“教学方法不断创新”“教师乐教善教、潜心育人”“教师队伍规模和素质稳步提升”“大中小学思政课一体化建设初显成效”四个方面的显著成效的同时，也直言不讳地指出，在当前思政课建设中还存在着“有的地方和学校对思政课重要性认识还不够到位；课堂教学效果还需要提升，教学研究力度需要加大、思路需要拓展；教材内容还不够鲜活，针对性、可读性、实效性有待增强；教师选配和培养工作还存在短板，队伍结构还要优化，整体素质还要提升；体制机制还有待完善，评价和支持体系有待健全，大中小学思政课一体化建设需要深化；民办学校、中外合作办学思政课建设还相对薄弱；各类课程同思政课建设的协同效应还有待增强，教师的教书育人意识和能力还有待提高，学校、家庭、社会协同推动思政课建设的合力没有完全形成，全党全社会关心支持思政课建设的氛围不够浓厚”共七个方面亟待解决的问题。

正如习近平总书记所指出的，新时代的思政课建设既要一如既往地巩固住已取得的成效，也要上下一心不断努力解决思政课亟待解决的一系列问题。实践教学作为思政课课程本质属性的体现，其本身就是思政课教学不可或缺的重要组成部分，其不仅可以有效丰富思政课的教学形式，彰显高职教育特色，提高思政课的吸引力和亲和力，更可以让高职学生从“理论”到“实践”，再从“实践”到“理论”的良性循环中科学回答并真正理解中国共产党为什么“能”，马克思主义为什么“行”，中国特色社会主义为什么“好”，从而极大地增强了思政课的说服力，最终帮助学生真正坚定“四个自信”，自觉投身于中国特色社会主义现代化强国和中华民族伟大复兴的伟大实践之中。因此，构建起适合于高职院校思政课实践教学体系对于提升和夯实高职院校思政课教学效果具有十分重要和不可替代的现实意义。

二、有利于提高高职院校思政课教师实践教学能力

习近平总书记在《思政课是落实立德树人根本任务的关键课程》的署名文章中明确指出,“办好思想政治理论课关键在教师,关键在发挥教师的积极性、主动性、创造性”。并对新时代的思政课教师提出了“政治要强”“情怀要深”“思维要新”“视野要广”“自律要严”和“人格要正”的“六要”要求。在谈到“思维要新”时,习近平总书记特别指出,“思政课教学是一项非常有创造性的工作,要学会辩证唯物主义和历史唯物主义,善于运用创新思维、辩证思维,善于运用矛盾分析方法抓住关键、找准重点、阐明规律,创新课堂教学,给学生深刻的学习体验”。要创新课堂教学,给学生深刻的学习体验,就要求思政课教师必须首先要具有创新思维和创新能力。

为了使新时代思政课教师理想信念更加坚定、马克思主义理论功底更扎实、教书育人水平能力不断提升,真正成为习近平总书记所提出的政治要强、情怀要深、思维要新、视野要广、自律要严、人格要正的“六要”思政课教师。在教学改革创新中切实做到“八个相统一”,真正体现思政课的思想性、政治性、理论性和针对性,不断增强思政课的感染力和亲和力。在学校思想政治理论课教师座谈会召开后不久,教育部于 2019 年 4 月 17 日就印发了《教育部关于印发〈普通高等学校思想政治理论课教师队伍培养规划(2019—2023 年)〉的通知》①(教社科函〔2019〕10 号)文件,在该《培养规划》中对于高校思政课教师提出了一揽子的培养途径与措施,其中就明确提出“教育部会同有关部门签署合作协议,在高铁、桥梁、港口等国家基础设施建设和航天、潜海等重大科技成果取得世界领先成就的单位设立一批新时代高校思政课教师研学基地。

① 中华人民共和国教育部官网,http://www.moe.gov.cn/srcsite/A13/moe_772/201904/t20190428_379873.html,2019-04-17。

各地各高校五年内组织思政课教师每人至少参加一次实践研学”。并且还明确指出“鼓励各地各高校采取挂职锻炼、社会实践等方式对优秀中青年教师予以重点培养”。由此可见,当前党和国家已经愈发地关心和重视高校思政课教师的实践教学能力的提升。

对于思政课实践教学尤其是高职院校思政课实践教学而言思政课教师的实践教学能力将直接影响到思政课实践教学的效果。在思政课实践教学的过程中,高职院校思政课教师和高职学生一样,既是思政课实践教学的主体,同时也是思政课实践教学的客体,因为思政课教师一方面要组织、指导和评价思政课实践教学的开展和完成情况,另一方面通过思政课实践教学也促使思政课教师更加关注实践、融入实践和感悟实践,从而更好地将思政课的理论知识与社会实践充分具体地结合在一起,反哺思政课课堂教学,让思政课教师在课堂上讲清楚该讲清楚的内容,最终从整体提升和夯实思政课的教育教学效果。当前,虽然高职院校思政课教师从主观上对于思政课实践教学已经愈发地重视,但是受到思政课实践教学激励保障制度不健全、思政课实践教学硬件条件不完善以及思政课实践教学培训较为缺乏等一系列客观因素影响,高职院校思政课教师实践教学能力与理论教学能力相比还存在较为明显的短板。正是因为高职院校思政课教师实践教学能力相对不足,也就自然地导致了高职院校思政课实践教学的形式、方法和手段选取依然较为传统、思政课实践教学的评价还不够多元和科学等一系列有待突破的瓶颈。而要切实提升高职院校思政课教师实践教学能力,不是仅仅通过一两次思政课教师的社会实践或者实践教学培训就能完成的,它需要建立起思政课教师实践教学能力提升的长效机制,因此高职院校思政课实践教学体系的构建也将有力地推动高职院校思政课教师实践教学能力的可持续提升。

三、有利于推动高职院校思政课实践教学研究发展

作为思政课教学重要组成部分的实践教学就如同思政课本身的本质属性

一样,其不仅仅需要在实践中不断摸索,也非常需要有理论上的支撑。其实对于思政课实践教学各高职院校都在不断地探索和总结,尤其是近些年来随着党和国家对于高职教育和思政课愈发重视和关心,对于思政课的实践教学的研究始终都是很多高职院校思政课教师的研究重点领域之一。也涌现出了不少有关高职院校思政课实践教学的研究成果。截至目前,在中国知网上以“高职”“思政课”“实践教学”为篇名就可以检索448篇相关的研究成果,而以“高职”“思政课”“实践教学”为主题更是可以检索到1500多篇相关文献。

在研究成果的学习过程中可以发现,当前有关高职院校思政课实践教学的研究可以主要分成如下几类。第一类是基于“互联网+”时代背景下的高职院校思政课实践教学研究;第二类是高职院校必修的某一门具体思政课为例的实践教学研究;第三类是依托某一个具体的实践教学项目展开的高职院校思政课实践教学研究;第四类是围绕本学校思政课实践教学开展经验介绍总结研究。这些前人的研究成果可以说是从多个角度对高职思政课实践教学的组织和开展都进行了有益的探索和总结,为高职院校思政课实践教学的深入研究打下了坚实的基础。既表现出了高职院校思政课教师对于实践教学的重视,也凸显出了实践教学在高职思政课教学中的重要意义。

但通过对前人有关高职院校思政课实践教学的研究成果的梳理也同样发现,当前对于高职院校思政课实践教学的研究大多集中在某些具体问题的研究较多。对于在新时代大思政格局视角下的宏观审视和探讨高职院校思政课实践教学体系构建的研究还较为匮乏。这就使得高职院校思政课实践教学在开展的过程中从整体上就没有找到顶层宏观的理论支撑,而没有了理论支撑的高职院校思政课实践教学势必只能关注外在的实践教学形式而走一步算一步,很难有效调动起更丰富的实践教学资源为思政课实践教学服务。高职院校思政课教师在组织和开展思政课实践教学时也不太容易把握实践教学的精髓。

高职院校思政课实践教学体系的构建是一个复杂系统工程,在其构建过程中,既要有对于思政课实践教学的宏观审视,也要有针对不同思政课的具体把握;既要涉及有关外在的形式的选取,也要涉及有关内在的本质内涵的研究;既要有激励的措施,也要有保障的制度;既要全面思考到思政课本质属性所决定的必须完成的共性要求与任务,也要充分考虑高职教育人才培养定位所赋予的高职院校教育教学的个性特征。因此探索构建适合高职院校思政课实践教学体系对于拓展高职院校思政课实践教学的深入研究,甚至进一步构建起专门针对高职院校思政课实践教学的研究体系等理论研究方面都具有非常明显的推动作用。

四、有利于丰富"课程思政"协同育人形式

习近平总书记在 2016 年 12 月全国高校思想政治工作会议上发表的重要讲话中明确指出,"做好高校思想政治工作,要因事而化、因时而进、因势而新。要遵循思想政治工作规律,遵循教书育人规律,遵循学生成长规律,不断提高工作能力和水平。要用好课堂教学这个主渠道,思想政治理论课要坚持在改进中加强,提升思想政治教育亲和力和针对性,满足学生成长发展需求和期待,其他各门课都要守好一段渠、种好责任田,使各类课程与思想政治理论课同向同行,形成协同效应"。要完成好高校思政教育工作绝不能仅仅依靠思政课,高校中各门课程都需要同思政课形成协同育人效应。习近平总书记在 2018 年 9 月 10 日出席全国教育大会时所发表的重要讲话中同样也明确指出,"要把立德树人融入思想道德教育、文化知识教育、社会实践教育各环节,贯穿基础教育、职业教育、高等教育各领域,学科体系、教学体系、教材体系、管理体系要围绕这个目标来设计,教师要围绕这个目标来教,学生要围绕这个目标来学。凡是不利于实现这个目标的做法都要坚决改过来"。2019 年 3 月 18 日,习近平总书记在全国思政课教师座谈会上再一次明确强调:"要完善课程体系,解决好各类课程和思政课相互配合的问题,鼓励教学名师到思政课堂上讲

课,解决好推动其他教职员工和思政课教师相辅相成的问题,推动思想政治工作贯通人才培养体系,发挥融入式、嵌入式、渗入式的立德树人协同效应。”

为了深入贯彻落实习近平总书记关于教育的重要论述,特别是有关思政教育的重要讲话精神,坚持不懈用习近平新时代中国特色社会主义思想铸魂育人,深化新时代学校思政课改革创新,真正解决和回答好培养什么人、怎样培养人、为谁培养人这个根本问题。中共中央办公厅和国务院办公厅于 2019 年 8 月联合印发了《关于深化新时代学校思想政治理论课改革创新的若干意见》①的文件,在该《意见》的第四部分“不断增强思政课的思想性、理论性和亲和力、针对性”中明确提出,要“深度挖掘高校各学科门类专业课程和中小学语文、历史、地理、体育、艺术等所有课程蕴含的思想政治教育资源,解决好各类课程与思政课相互配合的问题,发挥所有课程育人功能,构建全面覆盖、类型丰富、层次递进、相互支撑的课程体系,使各类课程与思政课同向同行,形成协同效应”。为了进一步贯彻落实好习近平总书记的有关讲话精神和《关于深化新时代学校思想政治理论课改革创新的若干意见》文件要求,把思想政治教育贯穿于高校整个人才培养体系之中,真正发挥每门课程的育人作用,切实提高高校的人才培养质量。教育部于 2020 年 5 月 28 日印发了《教育部关于印发〈高等学校课程思政建设指导纲要〉的通知》②(教高〔2020〕3 号)文件。该《指导纲要》从“全面推进课程思政建设是落实立德树人根本任务的战略举措”“课程思政建设是全面提高人才培养质量的重要任务”“明确课程思政建设目标要求和内容重点”“科学设计课程思政教学体系”“结合专业特点分类推进课程思政建设”“将课程思政融入课堂教学建设全过程”“提升教师课程思政建设的意识和能力”“建立健全课程思政建设质量评价体系和激励机制”以及“加强课程思政建设组织实施和条件保障”共九个方面对高校课程思政

① 中华人民共和国中央人民政府官网,http://www.gov.cn/zhengce/2019-08/14/content_5421252.htm,2019-08-14。

② 中华人民共和国教育部官网,http://www.moe.gov.cn/srcsite/A08/s7056/202006/t20200603_462437.html,2020-05-28。

建设的重要战略意义、建设目标、重要内容、具体举措以及激励评价机制和组织保障条件等进行较为全面的规定和谋划，是各高校推进课程思政建设的指导性文件。

实践育人本就是高职教育已有的特色和优势，因此结合高职院校思政课实践教学体系的构建统筹起高职院校各类课程的实践教学环节，让高职院校各门课程的实践教学都充分体现出思政教育元素，既能有效弥补高职思政课实践教学学分学时有限、思政课部门和思政课教师组织开展实践教学力量单薄的瓶颈，更能让高职院校从实践协同育人方面找到课程思政建设新的突破口，丰富高职院校课程思政协同育人形式，从而真正有效推进和落实课程思政建设，巩固和夯实课程思政协同育人效果。

五、有利于提升高职教育人才培养质量

为深入贯彻落实好习近平总书记关于教育的重要论述和全国教育大会精神，不断完善立德树人的体制机制，科学教育评价导向，坚决破除早前唯分数、唯升学、唯文凭、唯论文、唯帽子的“五唯”顽疾，真正提升教育治理能力和水平，加快我国教育现代化建设步伐，真正办好人民满意的教育，建设社会主义教育强国。中共中央、国务院于 2020 年 10 月印发了《深化新时代教育评价改革总体方案》[①]。在该《方案》中，系统设计出党委和政府教育工作评价、学校评价、教师评价、学生评价、用人评价改革，提出一系列有关教育评价的新要求、新任务以及新举措。在其中的学校评价部分中提出要“健全职业学校评价”，对于职业学校要“重点评价职业学校德技并修、产教融合、校企合作、育训结合、学生获取职业资格或职业技能等级证书、毕业生就业质量、‘双师型’教师队伍建设等情况，扩大行业企业参与评价，引导培养高素质劳动者和技术

① 中华人民共和国中央人民政府官网，http://www.gov.cn/zhengce/2020-10/13/content_5551032.htm，2020-10-13。

技能人才”。在该《方案》的第四部分对学生的评价中更是明确提出要“改革学生评价,促进德智体美劳全面发展”。应该说,教育评价关乎教育发展方向,有什么样的教育评价指挥棒,就会出现与之相对应的教育办学导向。该《方案》的颁布实施可以说再一次凸显了教育必须要坚持“立德树人”这一根本任务,并具体细化地提出了如何促进学生德智体美劳全面发展。它也必将成为指导深化新时代教育评价改革的纲领性文件。

对于高职教育而言,当前高职教育是我国经济社会发展高技术高技能型人才培养的主力军,伴随着我国经济社会的快速深入发展,尤其是在新时代新发展理念的指引下,我国经济社会对于复合型的高技术高技能型人才的需求已经愈发的迫切和强烈,这就对主要从事高技术高技能型人才培养高职院校人才培养提出了更高的要求和更大的挑战。受到传统观念和评价体系的影响,在较长的一段时间内,高职院校的人才培养更多是关注学生的专业技术技能的习得和掌握,以适应其所对应的具体职业工作岗位的技术技能要求,而对于学生的综合能力素养的培养方面却较为忽视。时至今日,我国经济社会对于人才的需求已经不仅仅局限于技术技能的操作层面,甚至在经济结构转型和人工智能、3D 打印技术为代表的科学技术不断发展背景下,传统操作层面的技术技能需求正在逐渐减弱,各行各业对于一线劳动者的综合能力素养的要求越来越高,这就要求劳动者不仅需要有过硬的专业知识和专业操作技能,更需要具有良好的政治素养、正确的价值观念、较强的团队精神和创新意识以及“大国工匠精神”等人文素质素养的加持。我国经济社会对于复合型的高技术高技能人才的需求以及《深化新时代教育评价改革总体方案》文件精神都要求高职教育必须要转变传统的育人理念,跟上时代对于人才需求的步伐,真正促进高职学生德智体美劳的全面发展。

思政课的教育教学的最终目标同样就是要帮助学生在“知”“情”“意”“行”四个方面达成有效统一,从而真正成为我国社会主义现代化强国建设和中华民族伟大复兴的合格建设者和可靠接班人。因此思政课本身所特有的本质属性也就决定了思政课实践教学可以在培养学生综合能力素养、促进学生全面发展方面发挥出得天独厚的优势作用。思政课实践教学可以将理论与实际充分相结合,在实践教学中,通过学生的亲身参与、亲身体验,让学生切身感悟科学,感受理论的力量,体会幸福的当下,展望美好的未来,展现真实的自我,培养综合的素养,锻炼基本的技能,从而促进其自身的全面发展。由此可见,紧密结合经济社会对复合型高技术高技能型人才的需求现状,构建起高职院校思政课实践教学体系对于高职院校贯彻落实《深化新时代教育评价改革总体方案》的文件精神要求,提升高职院校人才培养质量具有十分现实重要意义。

总而言之,高职院校在新时代大思政格局下构建起思政课实践教学体系无论是从理论层面上的彰显思政课的本质属性,凸显高职教育的个性特征,还是从现实层面上的巩固和夯实思政课教学效果,提高思政课教师实践教学能力水平,拓展高职院校思政课实践教学研究,丰富课程思政协同育人形式,提升高职院校人才培养质量等各个方面来看都具有必要性和紧迫性。

第五章
高职院校思政课实践教学体系的构建

要贯彻落实好党和国家对思政课实践教学的相关精神要求，让高职院校思政课实践教学既能够满足党和国家对思政课教育教学共性要求，又能充分体现出高职教育人才培养定位的特性差异，就必须要遵循思政课教育教学规律，按照高职教育人才培养定位和学生专业学习的特性要求，统筹谋划思政课实践教学，将思政课实践教学融入思政课的理论教学之中，同时也要充分借助现代信息技术手段将实践教学更加恰当地融入学生的大德育教育和专业课程的实践教学之中，从而构建起“统筹谋划、多方联动、多元评价、保障有力”的适合于高职院校的思政课实践教学体系，只有这样才能真正提升高职院校思政课实践教学以及思政课教学应有的教育教学实效性。

第一节　高职院校思政课实践教学体系的“统筹谋划”

“统筹谋划”是高职院校思政课实践教学体系的构建的首要前提。新时代高职院校思政课实践教学必须突破就实践论实践、为实践而实践的传统固化思维，无论是从顶层设计角度还是在具体实施层面都需要统筹谋划思政课的实践教学。至少要做好如下四个方面的“统筹”。

一、统筹好各门思政课之间的实践教学

高职院校所开设的每一门必修的思政课都有其自身教学的侧重点和特有的教学目标与意义。因此，作为思政课教学重要组成部分的实践教学就必须先从全部思政课的整体高度统筹谋划好各门思政课实践教学指导大纲，以有效凸显出本门思政课所应突出和侧重的教育教学重点与难点问题，力争通过实践教学更好地帮助学生真情实感去理解相对理论的教学内容，从而真正促进学生的知行合一。

想要从全部思政课的整体高度统筹谋划好各门思政课的实践教学指导大纲，首先就要细致系统地梳理出每一门思政课的教学重难点内容。从一方面来说，教学重难点内容是组织和开展实践教学最好的切入点和抓手。从另一方面来讲，建立在教学重难点内容上的实践教学才能真正凸显实践教学对于提升课程教学实效性的重要作用。

在找出找准每门思政课的教学重难点的基础之上，要围绕每门思政课的教学重难点内容开始统筹设计能够体现每门思政课自身特点的实践教学指导大纲，让实践教学指导大纲成为组织开展实践教学的总依据和总原则。在实践教学指导大纲的设计过程中，既要从微观层面充分考虑到每一门思政课所开设的时间、自身的教学目标和教学重难点等，还要从宏观层面统筹兼顾到各门思政课之间的区别与联系。其一方面可以有效体现出本门思政课的教育教学侧重点，另一方面还能够有效避免各门思政课实践教学组织和开展方面的无谓“重复”，让思政课实践教学真正从形式向内涵进行转变。

从全部思政课的整体高度统筹谋划的思政课实践教学指导大纲其实也不仅局限于高职院校所开设的必修思政课。当前，各高职院校可以先以开设的三门必修思政课为试点，先探索设计出既相互区别又相互联系的思政课实践教学指导大纲。随着高职院校思政课课程体系的逐步完善和实践教学的稳步深入推进，各高职院校还可以尝试设计出分别适用思政课各门必修课和思政课各门选修课的实践教学指导大纲，从而使得思政课实践教学能够与高职院校思政课的课程体系同步发展完善。让思政课实践教学指导大纲不再是一个可有可无的文件，而真正成为高职院校思政课实践教学内涵式发展的纲领性引领。在统筹好各门思政课实践教学的基础上，高职院校思政课实践教学同样还需要从时间上、空间上、手段方式上统筹谋划思政课的课上与课下、校内与校外、线上与线下等多个方面的内容。

二、统筹好思政课课上与课下之间的实践教学

高职院校思政课实践教学要统筹好课上与课下之间的关系，就是要从时间维度上规划好思政课实践教学的组织和开展，从而切实提高思政课实践教学的实施效率。

习近平总书记在全国高校思想政治工作会议上强调，“要用好课堂教学这

个主渠道”。长久以来受到一些传统认识的影响,思政课的实践教学到底应该坚持壮大第一课堂进行“课上实践”,还是应该广泛发展第二、第三课堂的“课下实践”,一直都是一个见仁见智的问题。不可否认,学生能够在课堂上学习思政课的时间毕竟是有限的,思政课的实践教学也确实不能仅依靠有限的课堂时间来完成,但也不能完成脱离课上而独立存在。因此从时间上,如果能够将学生的“课上与课下”的时间有机结合开展实践教学,就可以利用好课堂教学这个主渠道,同时弥补课堂教学时间有限性的局限性,从而达到良好思政课教育教学效果。

要想统筹好思政课实践教学的课上与课下之间的关系,说起来容易,但是要做好其实是非常困难的,其中需要回答清楚很多的问题。如在有限的思政课课堂教学课时中安排多长时间的实践教学比较合适?给学生安排在课下完成的实践教学如何能有效避免与学生其他专业课程学习任务相冲突?思政课的课下实践教学与课上实践教学怎样有效衔接?这一系列的问题都将直接影响到思政课实践教学的实施和最终效果。

当然,对于统筹好思政课实践教学课上与课下之间的关系,笔者认为并不存在一劳永逸和一成不变的时间分配。各高职院校可以根据其自身学校的特点尝试探索实施适合于本学校的思政课实践教学。但无论如何安排和分配思政课实践教学的时间,有如下几个原则是必须要守住的。

一是要适度。适度是指思政课的课上实践教学安排上要有度。既要避免思政课教师讲授过多,学生单向被动接收信息;也不能出现长时间进行课堂实践,从而让学生抓不住学习重点,实践教学流于形式的情况。应该尽可能在每堂课上将教师的讲授与学生能够参与其中的实践结合起来,这样既能发挥出学生课程学习的主动性和积极性,也能发挥出教师在学生课程学习过程中的引领和引导作用。真正将以教师为主导,以学生为主体的教学理念贯彻在实际的实践教学之中。

二是要适量。适量是指思政课的课下实践教学任务布置上要适量。要想达到预期的实践教学效果,每一次的实践教学都应该是教师和学生精心准备后的实施。切不可让学生对实践教学产生疲于应付或者敷衍了事的想法,而是要让学生真正全身心地投入实践之中,并将实践之中的真情实感与课程内容学习的理解密切联系起来。所以,适量的思政课课下实践教学任务的布置,既是课上实践教学顺利开展的基础,也是保护和鼓励学生积极参与实践教学的重要手段之一。

三是要适用。适用是指思政课课上与课下实践教学的衔接上要相互匹配。无论是思政课的课上实践教学还是课下实践教学都不能是无根之木、无源之水,这就要求每一项实践教学的组织和开展都不能是教师或者学生的临时起意。其一方面是必须要紧密结合本门思政课的教学重难点内容,另一方面是课上与课下的实践教学不能相互脱离。只有这样才能真正避免思政课的实践教学与理论教学、课上实践教学与课下实践教学“两张皮”的问题,让思政课实践教学真正为提升思政课教学实效性而服务。

高职院校思政课在实践教学的设计、组织和开展过程中只有能将适度、适量、适用的原则贯彻始终,才能够从时间维度上统筹好思政课课上与课下之间的关系。

三、统筹好思政课校内与校外之间的实践教学

高职院校思政课实践教学要统筹好校内与校外之间的关系,就是要从空间维度上规划好思政课实践教学的组织和开展,从而切实提高思政课实践教学的覆盖广度。

受到思政课课程的开设和教学安排等诸多客观实际因素的影响,如何有效提高思政课实践教学的学生覆盖面和参与率是始终困扰高职院校乃至普通高校思政课组织和开展实践教学的重要问题之一。就高职院校思政课实践教学而言,校内缺乏可供思政课开展实践教学的基地或者场所,校外实践教学又

要面对诸如学生安全、师生上课时间等看似不可调和与解决的矛盾，从而致使不少高职院校的思政课实践教学采用了校外社会实践教学学生骨干引领，校内课堂实践教学学生全员覆盖的所谓“以点带面”的实践教学方式。当然，这样的实践教学方式并非一无是处，这一教学方式不仅找到了一个思政课实践教学学生覆盖面的平衡点，也从因材施教层面找到了一个针对不同兴趣爱好和基础水平学生进行思政课实践教学，并且可以彰显本学校思政课实践教学特色的契合点。但是随着思政课实践教学的深入发展，在巩固住思政课校外实践教学“点”的基础之上，如何最大限度地扩大思政课实践教学的学生覆盖“面”是高职院校思政课实践教学改革创新必须要回答好的问题。

对于高职院校思政课校内实践教学首先不能把它固化在教室的课堂实践教学层面，毕竟课堂实践教学除了上文所提及的时间有限外，其教室的空间也是有限的，使得思政课的课堂实践教学的形式、手段等都会受到诸多的影响与限制。高职院校思政课的校内实践教学在设计和实施过程中必须要突破教室这一空间限制。孔子杏坛讲学的典故其实就是在告诉我们对于教学而言，其教学空间不必拘泥于教室这一空间之内。所以，思政课教师应该让校园空间内一切场所都尽可能地成为思政课的教学场所，而对于思政课的实践教学而言就更是如此。如在校园清水湖畔、绿荫树下的一堂师生共同畅谈生态文明就是一堂理论与实践紧密结合得很好的思政课。

正如上文问卷调查的数据所显示，随着对思政课重视关心和支持的程度的提升，一些高职院校已经率先在本校内建设起来可专门供思政课进行实践教学的基地或者场地。校内思政课实践教学基地的出现有效弥补和解决了校外实践教学中学校和老师所顾虑的诸多问题，并且大大地提升了学生参与实践教学热情和学生覆盖率。当然，校内思政课实践教学基地的建设并不是校外社会博物馆、纪念馆的简单照搬照抄，其实践基地内的资料该如何和思政课的教学内容相结合，既能进行通识性的爱国主义教育，又能为思政课的实践教学所服务是在其建设时必须要考虑清楚的问题。而在其建设完成后，高职院校各门思政课又该如何运用好这基地实施实践教学,并且让实践教学不是走马观花,而是真正发挥作用,也要求高职院校在思政课实践教学设计时必须要考虑清楚。

高职院校建立校内思政课实践教学基地对于有效缓解校外实践教学的矛盾具有十分重要的作用,对于受到场地、资金等条件限制而不能在一定时期内建立起校内思政课实践教学基地的高职院校来说也大可不必灰心丧气。校内的专业实训实践基地是高职院校相较于普通高校而言的一大特色,应该说每一所高职院校都有具备自身特色的某些专业实训实践基地,如能有效利用起这些专业实训实践基地为本专业学生的思政课实践教学所用,其不仅能够大大扩展思政课实践教学的学生覆盖面和实践教学形式,还能够让思政课与学生所学的专业进行更为深入的融合。这本身也是对“思政课程”和“课程思政”同向同行的有益探索。

当然,高职院校思政课校内实践教学也不仅仅局限于校内各类实践教学的建设与运用,在高职院校校园空间能够开展的诸如名师技艺访谈、学长技术交流、校园技能赛事服务等也都是高职院校思政课实践教学可以关注和尝试突破的角度和领域。

高职院校思政课深入挖掘校内实践教学的资源和途径并不意味着校外的实践教学变得可有可无,而是要让高职院校思政课的校外实践教学可以更加从容和灵活。作为锦上添花的思政课校外实践教学依然具有不可替代的作用,因为校外可供思政课进行实践教学的资源更为丰富,学生也会对于校园外的实践教学更为感兴趣。高职院校思政课的校外实践教学并不一定要把关注的重点放在和思政课有关的博物馆、纪念馆上,学生的校外专业实习实践基地也同样可以考虑如何为思政课实践教学所用。

因此,高职院校的思政课在保持和巩固住已有的校外实践教学做法和经验的同时,还要不断深入挖掘校内实践教学,让校外的实践教学资源成为校内实践教学的有益参考,让校内实践教学成为校外实践教学的必要补充,从空间上贯通和统筹好思政课校内与校外实践教学，高职院校的思政课实践教学的职业特色必将得到进一步的彰显。

四、统筹好思政课线上与线下之间的实践教学

高职院校思政课实践教学要统筹好线上与线下之间的关系，就是要从手段方法维度上规划好思政课实践教学的组织和开展，从而切实丰富思政课实践教学的形式。

正如上文在分析学生状况和教学模式时所提到的，在当今"互联网+"的时代大背景下，当今00后的高职大学生已成为彻彻底底的网络原住民，网络已经成为他们学习和生活之中不可或缺的组成部分之一。并且，网络凭借着其高效、便捷等特点给思政课的教学改革尤其是实践教学同样带来了前所未有的新发展机遇。在全国高校思想政治工作会议上，习近平总书记指出，"要运用新媒体新技术使工作活起来，推动思想政治工作传统优势同信息技术高度融合，增强时代感和吸引力"。教育部在2018年印发《教育信息化2.0行动计划》[①]中明确指出，"教育信息化2.0行动计划是加快实现教育现代化的有效途径。没有信息化就没有现代化，教育信息化是教育现代化的基本内涵和显著特征，是教育现代化2035的重点内容和重要标志"。在中共中央办公厅、国务院办公厅印发的《关于深化新时代学校思想政治理论课改革创新的若干意见》[②]中也明确指出，要"大力推进思政课教学方法改革，提升思政课教师信息化能力素养，推动人工智能等现代信息技术在思政课教学中应用，建设一批国家级虚拟仿真思政课体验教学中心"。所以，无论是从国家未来教育信息化发展还是从时代发展进步的角度来看，尽快实现思政课实践教学的信息化都

① 中华人民共和国教育部官网，http://www.moe.gov.cn/srcsite/A16/s3342/201804/t20180425_334188.html，2018-04-18。

② 中华人民共和国中央人民政府官网，http://www.gov.cn/zhengce/2019-08/14/content_5421252.htm，2019-08-14。

是时代发展的必然要求。

对于思政课实践教学而言,信息化技术手段的运用优势明显,该手段不仅可以有效克服原有传统课堂教学学生参与面有限的弊端;也能够有效延展思政课教学的外延,将课上与课下的思政课教学更为顺畅地连接在一起;还能够突破空间的局限,充分调动起更多的社会资源通过网络或者虚拟仿真技术为思政课的实践服务。当然,在看到信息技术手段促进思政课实践教学优势的同时,如何运用信息技术手段使得思政课的实践教学与课程教学重难点恰到好处地结合在一起,如何保证学生通过互联网进行的线上的实践与其线下的实践不要彼此割裂。这些都是思政课在进行实践教学方案设计过程中必须思考和处理好的问题。

要统筹好思政课的线上与线下实践教学,必须要牢牢把握住"准"和"稳"这两个字。所谓"准",就是指在结合具体教学内容所开展的实践教学在运用信息化技术手段方面需要恰到好处。一是要避免出现为信息化技术而运用信息化技术的现象,信息化技术的应用必须是能够真的突破原有传统课堂实践教学的某些瓶颈问题,以切实提高实践教学的效果。二是信息化技术不能进行滥用。形式始终要为内容服务,滥用信息化技术手段只会让师生都陷入疲于应付的恶性循环之中。只有结合教学重难点内容的恰到好处的信息化技术运用才能让学生真心投入到这一实践方式之中。所谓"稳",则是指信息化技术的运用要结合本学校的网络环境、教师的信息化技术能力、学生的信息化设备等客观的实际情况稳步推进,不能操之过急。不切合客观实际的信息化技术的运用只能是空中楼阁,对提升思政课实践教学效果不会产生任何实质性的效果和作用。

总之,在当今"互联网+"的时代大背景下,在手段方式上,充分借助当今信息化技术优势开展思政课实践课教学显得尤为重要,一方面也符合当代高职大学生的学生生活方式,从而提高高职大学生的思政课学习积极性与主动性,另一方面能够充实高职院校思政课实践教学的载体与实现途径,并最大限度地丰富调动一切资源为思政课的实践教学服务。

第二节　高职院校思政课实践教学体系的“多方联动”

“多方联动”是高职院校思政课实践教学体系的构建的特色体现。在当今新时代大思政格局下，绝不能仅仅把思政课实践教学看作是思政课的一家之事，必须要补强传统思政课实践教学“单打独斗”“各自为战”的短板，构建起大思政格局下的思政课实践教学的“多方联动”的“协同作战”体系，方能最大限度地发挥出职业教育和思政课所共有的实践育人功效。高职院校要构建起“多方联动”的思政课实践教学体系，至少要做好如下三个方面的“联动”。

一、做好思政课实践教学与学生活动之间的“协同”

早在2016年的全国高校思想政治工作会议上，习近平总书记就明确指出：“要坚持把立德树人作为中心环节，把思想政治工作贯穿教育教学全过程，实现全程育人、全方位育人，努力开创我国高等教育事业发展新局面。”思政课是对学生进行思想政治教育的主阵地主渠道，但同样肩负着对学生进行思想政治教育的学生管理部门的作用。并且，由于学生管理部门和学生的日常接触和联系更为密切，学生活动又是学生管理部门对学生进行思想政治教育的重要载体，这些学生管理部门对学生进行思想政治教育所特有的优势如能和思政课的实践教学结合起来，定能使思政课实践教学和学生管理部门的思想政治教育实现“双赢”,使高职院校的全程育人、全方位育人格局迈上新的台阶。要真正做好思政课实践教学与学生管理部门的学生活动之间的“协同”,就势必要做好以下两个方面的“协同”。

(一)思政课实践教学与学生活动之间的协同互补

时至今日,一些高职院校的思政课实践教学虽然已经开始逐步意识到了要探索和学生管理部门的学生活动互相联合,但其归根结底还是从思政课自身的教育教学角度为出发点,其形式上的协同远大于内涵上的协同,并没有从根本上改变思政课实践教学和学生管理部门所组织的学生活动之间的“两张皮”现象。

要真正使思政课实践教学和学生管理部门的学生活动之间产生联动共鸣,首先就要是从思想认识上先树立起大思政协同育人意识,不能把思政课实践教学和学生活动人为地割裂成两个部分。当前,虽然思政课的教学部门和学生管理部门是相互独立的,并且思政课的实践教学和学生管理部门所组织的学生活动之间其教育教学的侧重点可能也会有所不同,甚至思政课教师的评价与辅导员教师的评价体系也不尽相同。但其二者之间差异其实并不影响他们一致的出发点和落脚点,都是要结合本学校学生的实际完成好对学生的思想政治教育,从而贯彻落实好立德树人这一根本任务。思政课教学与学生管理之间的差异其实正是其二者实现互为补充的良好契机。当然,无论是思政课的教学部门还是学生管理部门只有先从主观意识上达成一致,才能为后续思政课实践教学与学生活动之间的协同扫除思想认识上的障碍。没有了思想认识上的隔阂,后续的工作也就能够更为顺畅地开展和实施。

在统一了思想认识之后,更为关键的就是要使思政课实践教学和学生活动之间真正实现互为依托、相互补充良性关系。这就要求思政课实践教学和学生活动在设计、组织和实施的各个环节都要彼此考虑。从思政课实践教学的角度来说,在课程的设计过程中,在结合本课程的教学重难点的基础上,尽可能找到学生管理部门所组织的学生活动和本思政课实践教学之间的契合点，充分借助学生活动在社会实践这一第二课堂方面的显著优势，将思政课的小课堂和社会大课堂结合起来。通过学生管理部门所组织的公益活动、志愿服务等学生活动不断拓展思政课实践教学的广度，为思政课实践教学提供更为丰富的途径。

当然，思政课实践教学与学生活动间的协同互补，不是从思政课实践教学的单方面发力就可以实现的，它也需要学生管理部门在设计、组织、开展学生活动时，不是简单地套上某一个思想政治教育的主题，而是可以结合不同学期学生所学习的具体的思政课教学内容设计、组织和实施有更为具体的思想政治教育主题的学生活动。这样的学生活动既可以更为容易地让思政课实践教学找到其相互之间的切契合点，也更能体现出学生活动其自身的鲜明特色。

（二）思政课教师与学生辅导员之间协同合作

作为对学生进行思想政治教育的两个主力军，思政课教师与学生辅导员虽然在岗位职责、工作方式等方面是不尽相同的，但其二者对学生进行思想政治教育的目标任务是一致的。要真正做好思政课实践教学与学生活动之间的协同互补关键还在于思政课教师与学生辅导员之间的协同合作。

当前，思政课教师与学生辅导员之间虽然并不是完全隔绝的，一些学生活动中已经出现了不少思政课教师担任评委或者嘉宾，而一些学生辅导员也偶尔会参与辅助思政课的教育教学。但这样的联系还只是偶然的、片段的，思政课教师与学生辅导员之间还没有形成制度化、常态化的深入协同合作。

从对学生进行思想政治教育的角度来看，思政课教师和学生辅导员各有所长，也各有所短。思政课教师的理论功底较强，能够帮助学生对问题有更为深入的理论理解，但思政课教师与学生的接触时间毕竟有限，对于学生的个体需求和关切缺乏更为深入的了解。学生辅导员则最为直接和深入地接触学生，也对学生的思维习惯和日常表现最为了解，但学生辅导员对学生的日常生活学习的管理工作繁杂又繁重,所以很难把全部的时间和精力都放在思想政治教育方面。因此,无论是从提升对学生思想政治教育的宏观层面还是从思政课实践教学和学生活动的协同互补的微观层面来看,加强思政课教师与学生辅导员之间的协同合作都是十分必要的。

要实现思政课教师与学生辅导员之间的协同合作,一方面需要思政课教师与学生辅导员之间通过定期的经常的联席会议、教研等形式群策群力、共商共建思政课实践教学与学生活动的设计、组织和实施。另一方面,构建起思政课教师深入参与学生活动、学生辅导员全面参与思政课实践教学的机制。让思政课教师通过学生活动更多地了解其所教授的学生的日常情况,让学生辅导员通过思政课的实践教学提升其对学生思想政治教育效果。从而最终真正使思政课实践教学与学生活动之间形成立德树人合力。

二、做好思政课实践教学与学生专业实践之间的"融通"

职业教育的人才培养定位和目标决定了工学交替、顶岗实习等实践育人始终是高职院校在人才培养过程中所特有的优势。同样是在全国高校思想政治工作会议上,习近平总书记就明确指出,"其他各门课都要守好一段渠、种好责任田,使各类课程与思想政治理论课同向同行,形成协同效应"。因此,发挥各门课程的育人功能,是做好高校思想政治工作、落实立德树人根本任务的客观需要。在当前"思政课程"与"课程思政"如火如荼深入发展的大好形势下,找到思政课实践教学与学生专业实践的切合点,实现思政课实践教学与学生专业课程实践之间的相互融通,对于推进高职院校"课程思政"的深入发展、确保各类课程与思政课在立德树人上的同向同行,以及在思政课实践教学中充分彰显职业教育特色等方面都大有裨益。

要做好思政课实践教学与学生专业实践之间的有效"融通",必须要从以下两大方面共同发力。

首先,与实现思政课实践教学与学生活动之间的“协同”相类似的就是要先实现思政课教师与专业课教师在思想认识上的统一。正所谓“术业有专攻”,思政课教师与专业课教师尤其是一些理工科专业教师由于长期研究和关注的领域本就不同。长久以来,再受到一些传统思想的影响,把思想政治教育简单地看作是思政课的一家之事,专业课教学只要教会学生必须掌握的技术技能即可。这都使思政课教师与专业课教师的教育在日常的教育教学工作上的交集甚少,也就更谈不上其二者在思想认识上的统一。所以,让思政课教师相对固定地教授某几门专业的思政课,并且搭建起一个可供思政课教师与专业课教师之间的能够直接交流、讨论和学习的平台,对于统一思政课教师与专业课教师的思想认识非常重要。通过思政课教师长时间地与相对固定的专业接触以及思政课教师与专业课教师之间直接的交流、讨论和学习,一方面可以帮助思政课教师更好地了解和掌握其所教授的学生的专业特点和情况,从而让自己的思政课教学更加有的放矢地贴近专业人才培养要求。另一方面还可以帮助专业课教师更好地结合思政课的教育教学内容深入挖掘本专业和课程的思政元素。最终为实现思政课教师与专业课教师之间在立德树人思想认识上的统一以及思政课实践教学与学生专业实践之间的“融通”打下坚实的基础。

其次,要做好思政课实践教学与学生专业实践之间的“融通”必须要有效解决其二者之间的时空矛盾。对于高职院校而言,其思政课主要开设于高职大学生的第一学年,在此时,因为学生刚刚入学,其专业课程的教授多以帮助学生初步了解所学专业和打好专业学习基础的专业基础理论课程为主,此类课程的基础理论知识学习相对较多,以实践为主的专业技能课程多从第二学年开始学习,这就造成了思政课实践教学与学生专业实践在时间上的不一致。并且学生的专业实践多以单班制的小班学习练习为主,其专业实践教学场地空间有限。而思政课多以合班制的中班教学为主。因此,学生的专业实践场地从空间上看也很难容纳下众多的学生。甚至一些思政课本就是不同专业的学生合班共同进行学习,这就使得思政课实践教学更难找到适合于不同专业学生专业实践的切入点。因为学生的专业学习有一个由基础理论到操作实践的循序渐进的学习过程,所以要有效解决思政课实践教学与学生专业实践之间的时空矛盾同样需要思政课实践教学在设计、组织和实施过程中结合学生专业实践的规律和安排,尽可能突破现有的一些传统模式和做法。例如,思政课实践教学可以联合学生在校期间的专业实践尝试实行“实践教学学分银行”,“实践教学学分银行”既可以有效突破高职院校思政课教学多集中在一年级的时间瓶颈,将对学生的思想政治教育一直延伸到其在校学习的全学段之中,也可以切实解决学生在专业实践中重技术技能训练而轻价值品质培养的不平衡问题。

思政课实践教学与学生专业实践的“融通”并不仅仅是一个外在的实践形式上的简单联合,更需要真正实现内涵上的有效联通。每一门的思政课其教学的侧重点有所不同,每一个具体专业的人才培养侧重点也不尽相同。其二者之间的“融通”需要从思政课实践教学和学生专业实践两个方面都进行具有颠覆性的实践教学的设计、组织和实施。因此,在巩固好现有思政课实践教学好的经验基础上,以某一门具体的思政课的实践教学结合某一个具体专业实践为“融通”试点,从点到面、由浅及深地稳步探索实施必不可少。

当然,构建起“多方联动”的思政课实践教学体系,并不仅仅局限于思政课实践教学与学生活动和学生专业实践之间的联动。在全员育人、全过程育人、全方位育人的“三全育人”时代大背景下,思政课实践教学应尽可能涵盖高职院校全体师生员工,串联于高职大学生整个在校期间,并囊括高职大学生从家庭到学校、社会的学习以及生活等各个领域。

三、做好思政课实践教学与中小学思政课实践教学的“联通”

习近平总书记在学校思想政治课教师座谈会上明确指出,“要把统筹推进大中小学思政课一体化建设作为一项重要工程,推动思政课建设内涵式发展”。在《关于深化新时代学校思想政治理论课改革创新的若干意见》的第二部分“完善思政课课程教材体系”中从“整体规划思政课课程目标”“调整创新思政课课程体系”“统筹推进思政课课程内容建设”和“加强思政课教材体系建设”四个方面就大中小学思政课一体化建设提出了明确的要求和建设目标。实践教学作为思政课教学的重要组成部分,势必也要做到与大中小学思政课的实践教学的“联通”和一体化谋划和建设。

为此,至少要从以下两个方面着手努力。

一是在顶层设计方面,高职院校要充分发挥带头和带动作用,可以联合所在地附近的中小学成立有关大中小学思政课一体化建设的指导委员会,从而先使得大中小学思政课一体化建设有可供大中小学思政课教师进行研讨、交流和相互学习的平台和渠道,通过这一平台,大中小学的思政课教师可以结合不同学段学生的具体学情和思政课实践教学的目标、大纲和内容等特点进行统一谋划,形成有关大中学思政课实践教学的循序渐进、螺旋上升的实践教学指导大纲,从而在顶层设计方面为大中小学思政课实践教学的一体化建设提供切实有效的指导。

二是在具体实施方面,大中小学思政课实践教学的一体化建设必须要打破原有的“只守自己的一段渠”的壁垒,要充分发挥高职院校在实践教学方面的特长和优势,让中小学的思政课实践教学走进高职校园,让高职的思政课实践教学进入中小学的学校。在大中小学思政课实践教学的“联通”中统筹推进大中小学思政课实践教学的一体化建设,推动思政课实践教学建设内涵式发展,让每个学段的思政课实践教学的那“各自的一段渠”真正地联通起来。只有这样才能真正凝聚起思政课实践教学的教育合力。

做好高职院校思政课实践教学与中小学思政课实践教学的有效“联通”,一方面可以有效丰富中小学思政课实践教学的形式和内容,另一方面也是高职院校思政课实践教学方面的新突破,对于有效提升高职院校思政课实践教学的内涵和质量等方面都将发挥积极作用。

综上所述,构建多方联动、协同前行的思政课实践教学体系,不仅能在高职院校的思政课中体现出“职业味道”,还能更加有效地提升思政课教育教学的实效性和职业教育人才培养的质量,从而帮助高职院校在新时代大思政格局下真正实现“三全”育人目标,贯彻落实好立德树人这一根本任务。

第三节 高职院校思政课实践教学体系的“多元评价”

“多元评价”是高职院校思政课实践教学体系构建的重要一环。中共中央、国务院印发了《深化新时代教育评价改革总体方案》[①]中开篇就明确指出,“教育评价事关教育发展方向,有什么样的评价指挥棒,就有什么样的办学导向”。思政课课程的特殊属性决定了思政课实践教学的一切改革创新归根结底就是要不断夯实和提高学生的政治觉悟、思想水平、道德品质和文化素养,让高职大学生真正成为社会主义现代化强国建设和中华民族伟大复兴过程中堪当大任的高素质技术技能人才、能工巧匠、大国工匠。思政课实践教学是否真正达到预期的教学目标和效果需要评价,学生对于思政课实践教学的收获与反馈也需要评价。因此,科学的、有效的思政课实践教学评价体系对于思政课教师及时了解学生对于思政课实践教学的反响,以及确保思政课实践教学效果等方面都是非常重要的一环。要构建起科学合理的高职院校思政课实践

① 中华人民共和国中央人民政府官网,http://www.gov.cn/zhengce/2020-10/13/content_5551032.htm,2020-10-13。

教学体系的“多元评价”,应当从以下三个方面着手。

一、评价主体的多元化

要构建起思政课实践教学的多元评价,首先就要先回答好谁来评价这一问题。随着对思政课实践教学探索的不断深入,正如前述问卷调查数据所显示的那样,各高职院校对思政课实践教学的评价主体已经开始向多元化方面发展,但还没有有效整合起各评价主体,致使思政课实践教学评价没能从根本上改变以思政课教师为单一评价主体的传统评价形式。高职院校思政课实践教学评价主体的多元化要着重注意协调好以下三方面主体的关系。

第一,确保思政课教师的评价主导性。思政课教师是思政课实践教学的直接设计者、组织者和实施者,在整个思政课实践教学评价的过程中,“到底该怎么评?”“究竟要评什么?”等一系列的问题都离不开思政课教师的正确引导。应该说,思政课实践教学明确的评价目标、科学合理的评价标准以及有序的评价实施都离不开思政课教师,思政课教师在实践教学评价中主导性地位的发挥是思政课实践教学评价不跑偏、不离题的重要保证。但必须加以注意的是,思政课教师在实践教学评价中应发挥的作用是主导性,而绝不是主宰性。当前,高职院校思政课实践教学评价中思政课教师的主宰性作用依旧存在,学生在思政课实践教学中的成绩获得基本就是思政课教师的单一评价结果。以思政课教师为主宰的实践教学评价既不易真实地衡量出其实践教学的效果,也很难客观地发现实践教学依旧存在的不足和待改进的地方。因此,思政课教师在实践教学评价中的主导性地位必须要确保,但适当降低思政课教师在实践教学评价中的所占比例也十分必要。

第二,突出高职大学生的评价主体性。高职大学生是思政课实践教学的最直接参与者,对于思政课实践教学的效果和感受体验也最为真切。因此,思政课实践教学是否真的产生了效果,高职大学生自己是最有发言权的。通过学生的思政课实践教学评价,可以比较直观地体现出学生在整个实践教学过程中的所思所感所悟,一方面可以帮助思政课教师了解实践教学是否达到预期的目标和效果,另一方面也可以帮助思政课教师发现实践教学在设计、组织和实施过程中有哪些优点需要加以巩固,还有哪些不足和有待改进的地方,从而促进实践教学的不断改革创新。当然,高职大学生的评价固然重要,但受到学生自身理论认知水平、个人喜好习惯等因素的影响,学生评价理论上来说应该是最为直观的,但其不一定是最为客观的。因此,在学生评价中,思政课教师的主导性就显得更为重要,思政课教师要在学生评价方式和程序上尽可能引导学生评价得真实客观。可以充分将学生自评和学生互评相结合,学生自评注重考量学生在思政课实践教学参与前后的认知、感受、情感等方面的变化的自我评价。而学生互评则侧重于在实践教学过程中每一名学生的具体参与、完成情况互相评价。通过提升学生自评与学生互评在思政课实践教学评价中所占的比重,也将进一步突出学生在思政课实践教学中的主体地位。

第三,丰富和加强第三方评价。随着高职院校思政课实践教学"多方联动"的构建,思政课实践教学所涉及和涵盖的参与主体自然而然地也就扩大了,这也就很自然地要求思政课实践教学的评价主体不能再仅仅局限于思政课教师和高职大学生这两方面的评价。当然,高职院校思政课实践教学的第三方评价当前还是一个较为空白的地带,有很大的可供探索的提升和加强的空间。把直接参与了思政课实践教学的学生辅导员、专业课教师、甚至是企业导师等在内的第三方主体引入思政课实践教学的评价内,不仅有助于丰富思政课实践教学评价主体的多元化,还有利于进一步提升思政课实践教学评价效果。并且,除直接参与到思政课实践教学之中的第三方主体之外,直接与学生接触而间接地接触到思政课实践教学的教职员工、实践教学基地管理人员或者是企业职员也都可以考虑纳入高职院校思政课实践教学的第三方评价主体之中,此类人员站在旁观者的视角所作出的评价可能会更加的中立客观。当然,无论思政课实践教学的第三方评价主体如何扩充,在思政课实践教学的第三方评价过程中都必须加以注意的是，需要用明确的评价目标、严谨的评价标准以及具有可操作性的评价方式等依据来充分保证第三方评价结果的公正、科学和客观。

二、评价内容的多维化

当前，在国家大力深化新时代教育评价改革的时代大背景下，各个高职院校都已经开始深入探索教育评价改革创新，不少高职院校也初步形成了适合于自身高职教育的评价举措。因此，高职院校思政课实践教学的评价在回答好谁成为评价主体之后，更为重要的就是要科学地回答到底要评什么这一关键问题。只有科学的评价标准和内容才能确保评价能够真实有效地反映出思政课实践教学所产生的效果，才能帮助思政课教师更好地深入反思和持续改进实践教学。而思政课教育教学的特有属性决定了思政课实践教学的评价内容必须是多维化的。因为各高职院校的具体情况不同，所以不能奢望出现一个一劳永逸、适用于所有高职院校的思政课实践教学评价标准或内容。各高职院校都应该结合自己的具体情况，探索能够凸显立德树人根本任务、体现本学校职业教育特色、适用于本学校的思政课实践教学评价标准和内容，在这一探索的过程中要着重处理好如下三个方面的关系。

一是要处理好定量评价与定性评价的关系。思政课作为意识形态教育的主渠道、主阵地，决定了思政课实践教学评价必须坚持定量评价的“量”与定性评价的“质”相结合。思政课的实践教学评价中“量”的评价必不可少，定量评价具有较为鲜明的客观化、标准化、精确化、量化、简便化等特征，但作为意识形态教育，思政课实践教学的评价中不能全是“量”的评价，因为定量评价强调的就是量的计算，注重的就是对客观指标或者数量的完成情况，这种只强调客观指标或者数量的评价一旦占据了评价内容的全部，就会让评价因缺少人文情感气息而变得冷冰冰，很难真正发挥评价应有的功效。因此，思政课实践教学评价中“质”的评价也不可或缺,定性评价强调和注重的是观察、分析、归纳与描述,就是评价者根据评价对象的表现、行为和状态等作出结论性的评价。和定量评价相比,定性评价虽然主观性较强,但其也恰好弥补了定量评价所固有的过分依赖数据的短板。在思政课的实践教学之中,学生的品质情感、价值认识等内容本就很难被量化。因此,在思政课实践教学评价中,只有将定量评价和定性评价科学地结合起来,才能真实客观地反映出思政课教学效果,也才能更好地体现出思政课教育教学的特有属性。

二是要处理好结果评价与过程评价的关系。结果评价是在思政课实践教学完结后的一次终结性评价,过程评价则是思政课实践教学过程中的一种随时的动态性评价,结果评价与过程评价之间既相互独立又彼此联系。当前,在思政课实践教学的传统评价中,结果评价依然占据着最为主要的地位。诚然,结果评价是衡量思政课实践教学是否真正产生了对学生内化于心外化于行的教学效果的重要评价举措,思政课实践教学的改革创新归根到底就是为了达到更好的思想政治教育效果。因此,思政课实践教学的结果评价对于评价思政课实践教学是否达到了所预期的教育教学目标至关重要。但是,思政课的特殊属性也同样决定了思政课实践教学的过程评价也是不可忽视的。过程评价对于思政课教师及时了解和掌握高职大学生在整个实践教学过程中的所思所想所悟、督促高职大学生全身心地投入思政课实践教学之中也具有十分重要的意义。高职大学生在思政课实践教学中动态的思想认识和行为举止的“增值”过程,不仅将为思政课教师及时总结和反思整个实践教学的设计、组织和实施的全流程都提供了丰富的素材和信息累积,也是落实中共中央、国务院印发的《深化新时代教育评价改革总体方案》[①]中所明确的“改进结果评价,强化过程评价,探索增值评价,健全综合评价”文件精神要求。

三是要处理好显性评价与隐性评价的关系。在教育部印发的《高等学校

① 中华人民共和国中央人民政府官网,http://www.gov.cn/zhengce/2020-10/13/content_5551032.htm,2020-10-13。

课程思政建设指导纲要》①中明确指出,“全面推进高校课程思政建设,深度挖掘高校各学科门类专业课程蕴含的思想政治教育资源,使显性教育与隐性教育形成协同效应。”伴随着思政课实践教学与学生专业实践之间的不断深入融合,在思政课实践教学的评价之中也势必要做好高职大学生思政课实践教学的显性评价与专业实践教学隐性评价这两个方面工作。尤其是对于隐性评价,在当前各高职院校的思政课实践教学评价中还是一个空白点,其评价会涉及高职大学生的专业实践评价与思政课实践教学评价在评价目标、评价标准、评价方式等方方面面的融通,对于其学校原有的高职大学生专业实践评价可能会带来颠覆性的变革。随着高职院校思政课程的不断深入推进,其必将成为思政课实践教学隐性评价中必须要攻克的一个重点也是难点问题。没有显性与隐性相统一的思政课实践教学评价举措,也就谈不上真正意义上的思政课实践教学与高职大学生专业实践之间的“融通”,也很难有效形成思政课与各类各门课程的协同育人效应。

三、评价方式的多样化

思政课实践教学评价主体的多元化和评价内容的多维化自然而然地就要求其评价方式必然要多样化。在《深化新时代教育评价改革总体方案》②中的“完善德育评价”部分中也明确指出,“通过信息化等手段,探索学生、家长、教师以及社区等参与评价的有效方式,客观记录学生品行日常表现和突出表现,特别是践行社会主义核心价值观情况,将其作为学生综合素质评价的重要内容”。思政课实践教学评价方式的多样化的就是力求通过采用多种多样的评价方法、手段和工具,以达到对思政课实践教学最终结果的相互补充与印证,

---

① 中华人民共和国教育部官网,http://www.moe.gov.cn/srcsite/A08/s7056/202006/t20200603_462437.html,2020-05-28。

② 中华人民共和国中央人民政府官网,http://www.gov.cn/zhengce/2020-10/13/content_5551032.htm,2020-10-13。

从而切实提高思政课实践教学评价的科学性、专业性、客观性。随着信息技术的不断发展和完善,可供思政课实践教学选择的多样化的评价方式有很多,无论采用何种评价方式都必须要注意做好以下三点。

首先,思政课实践教学的评价方式必须精准恰当。所谓精准恰当就是需要思政课实践教学的评价方式应该尽可能更具有针对性。随着思政课实践教学方式和种类的不断丰富,其评价的方式也必须和其所进行的实践教学方式尽可能地要匹配。针对特定的思政课实践教学所采用的形式找到与之适合的恰当的评价方式。当前,虽然可供思政课实践教学可选择的评价方式是多种多样的,但是其评价方式依旧没有突破诸如实践心得撰写、实践体会交流、实践感受展示等相对传统的评价方式。在思政课实践教学的评价方式中,每一种评价方式其实都是各有其特点和优缺点的。可以说,实现每一项特色实践教学方式对应一种特定评价方式是各高职院校思政课实践教学评价方式多样化的最终目标。当然,这样目标的实现并不容易,需要思政课教师在进行实践教学设计时要全面细致地思考以找到与之最为合适的评价方式。可以先以某几个实践教学项目为试点,逐步探索和深化评价方式的精准程度。

其次,思政课实践教学的评价方式应当双向互动。所谓双向互动就是要求思政课实践教学的评价方式必须要具有交互性。当前,思政课实践教学虽然已经在逐步地探索实施评价方式的多样化,但从被评价的对象而言,无论是思政课教师单评还是学生自评或者互评,依旧是单向的以对高职大学生的实践教学参与和完成情况进行评价为主。而高职大学生对思政课实践教学本身的评价和反馈相对欠缺。高职大学生在思政课实践教学评价中仍旧处于被动的被评价地位。当然,思政课实践教学的开展在高职大学生身上所产生的实际效果是其进行评价的最为重要的组成部分,但其不应该是从学生到教师,或者从教师到学生的一个单向输出评价。需要在思政课教师和高职大学生之间就思政课实践教学找到一种能够实现师生之间双向互动的评价方式,通过双向互动的评价,可以让思政课教师与高职大学生就实践教学中的情况进行良性的相互交流与沟通，一方面可以方便思政课教师引导或指导高职大学生更好地完成思政课实践教学活动和任务，另一方面还可以改变高职大学生在思政课实践教学单向输入的被动地位，从而真正地发挥出高职大学生在思政课实践教学中的主体地位。

最后，思政课实践教学的评价方式应该方便快捷。所谓方便快捷就是指思政课实践教学的评价方式应该具有便利性和及时性。随着信息化技术的不断发展，思政课实践教学评价方式还应该尽可能地方便思政课教师与高职大学生针对实践教学各项内容和标准作出评价，烦琐复杂的评价方式只会增加思政课教师与高职大学生对评价的抵触情绪。复杂的评价方式十分不利于对思政课实践教学做出真实的客观地评价，而思政课实践教学本就是一个动态的过程。在这一过程中思政课教师和高职大学生就实践教学随时都会产生新的想法和感受，只有通过及时的评价反馈才可以帮助思政课教师对高职大学生在思政课实践教学的过程中以及完结后的状态、情况有及时的了解和掌握，另外也可以让高职大学生在整个实践教学中能够及时接收到思政课教师对于其实践的指导和反馈，从而确保思政课实践教学能够达到预期的效果。

总而言之，高职院校思政课实践教学评价要尽可能地从评价主体的多元化、评价内容的多维化和评价方式的多样化三个方面不断深化改革创新，科学有效的"多元评价"体系的构建必将不断夯实和提升高职院校思政课实践教学效果。

第四节　高职院校思政课实践教学体系的“保障有力”

“保障有力”是高职院校思政课实践教学体系的构建的关键保证。无论是高职院校思政课实践教学体系的“统筹谋划”还是“多方联动”抑或是“多元评价”,都需要有强有力的多方面的保障,没有有力保障的高职院校思政课实践教学改革创新只能是停留在理论与想象层面的“空中楼阁”。要做到思政课实践教学的“保障有力”,可以从以下三个方面着手。

一、健全制度保障

俗语云“没有规矩,不成方圆”。高职院校思政课实践教学效果的夯实和提升离不开健全有力的制度保障,随着多年来高职院校对思政课实践教学的不断深入探索,应该说每一所高职院校都已经积累了不少有关思政课实践教学的经验,并且很多经验已经上升为其学校思政课实践教学制度层面的内容加以巩固,随着新时代高职院校思政课实践教学的持续深入发展,各高职院校势必需要从宏观、中观、微观三个层面重新审视并健全本学校有关思政课实践教学的制度建设。从而为大思政格局下体现高职教育特色的思政课实践教学的开展打下坚实的制度保障基础。

从宏观层面上看,新时代思政课实践教学不仅仅是思政课教学的一个重要组成部分,更关系到各高职院校“三全育人”格局的形成。所以,在新时代各高职院校不能再简单地将思政课实践教学看作是思政课教学部门的一家之事，并且思政课教学部门作为学校众多二级部门中的一个毕竟势单力薄。因此，各高职院校必须要在落实坚持立德树人这一根本任务的大思政“三全育人”的格局下，从学校顶层设计的角度，结合党和国家有关文件的精神，出台或健全一系列有关促进、激励、保障和考评思政课实践教学的制度，从学校层面为思政课实践教学的“统筹谋划”“多方联动”“多元评价”以及“保障有力”制度化、规范化的方向指引。

从中观层面上看，在学校宏观制度的有力保障之下，思政课教学部门必须要牵头切实将学校有关思政课实践教学的各方面制度进一步细化，形成各门思政课实践教学的指导大纲。正如前文所述，每一门思政课的实践教学指导大纲，除了要体现出有自身课程特点的实践教学指导内容之外，还应该相对具体地体现出思政课实践教学到底如何统筹谋划，怎样多方联动、如何多元评价、怎样保障有力等一系列问题，尽可能地用切实有效的举措来保证思政课实践教学的最终落地实施。

从微观层面上看，在思政课实践教学指导大纲的基础上，各门思政课就需要依据每门思政课的实践教学指导大纲制定具体的实践教学实施方案。实践教学实施方案是思政课教师和学生进行了解和掌握实践教学目标、任务、形式等内容的最直接依据。其能否有序高效地实施将直接影响到思政课实践教学的效果。实践教学实施方案除必须要以实践教学大纲为依据之外，还要尽可能明确地告诉每一名思政课教师和高职大学生在实践教学到底要做什么，该怎么样做，如何评价等具体内容，从而最终确保思政课实践教学能够有序高效地实施。

二、提高师资保障

有关高职院校思政课实践教学的一切制度的关键就在于执行。如果没有了思政课教师坚定贯彻与自觉执行，再好的制度也只不过都是“稻草人”。新时代高职院校思政课实践教学效果的真正夯实和提高需要包括思政课教师在内的全体教师的共同努力，为思政课实践教学提供强有力的师资保障。在制度层面建立和健全相关制度，以激励和保障思政课教师乐于进行实践教学改革创新的基础之上，提高思政课实践教学的师资保障还需要从以下两个方面共同发力。

一方面是不断提高思政课教师的实践教学改革创新的研究能力。在《新时代高等学校思想政治理论课教师队伍建设规定》[①]有关思政课教师的岗位要求中明确指出，“思政课教师应当加强教学研究”，在教学研究中就包含了“深入研究思政课教学方法和教学重点难点问题”。实践教学作为思政课教学中的重要组成部分，自然要成为思政课教学研究中的一个重要领域。在当前，受到一些历史传统因素的影响，高职院校的思政课教师在学历层次、科研能力等方面相较于普通高校来说仍有一些差距。这也从一个方面造成了高职院校思政课教师有重教学而轻科研的不平衡现象。而没有科研做支撑的教学就如无源之水和无根之木，是很难良性持续发展的。时至今日，有关高职院校思政课实践教学的研究并不少见，但总体上来说，还是基于某一个具体的实践教学方式的研究较多，整体上的理论研究相对较少，结合高职教育特色的研究更是不多，其一方面给思政课教师的实践教学研究提出了挑战，另一方面也给思政课教师的实践教学研究留下很大的待研究空间。因此，高职院校要真正夯实和提升思政课实践教学效果，持续深入推进思政课实践教学改革创新，思政课教师的实践教学研究能力至关重要。

另一方面是不断提高思政课教师的实践教学改革创新的实践能力。有关思政课实践教学的一切改革创新研究归根结底是要最终落实到有关思政课实践教学改革创新的实践之中。在《新时代高等学校思想政治理论课教师队伍

① 中华人民共和国教育部官网，http://www.moe.gov.cn/srcsite/A02/s5911/moe_621/202002/t20200207_418877.html，2020-01-16。

建设规定》的思政课教师岗位要求也同样明确指出思政课教师应当按照思政课改革创新“八个相统一”的要求深化教学改革创新，增强思政课的思想性、理论性和亲和力、针对性，全面提高思政课质量和水平。在全党、全国和全社会都高度重视思政课的大好氛围下，各高职院校的思政课教师队伍得到了及时的补充与健全，大量充满活力、思维活跃、年富力强的青年走上了思政课的讲台，为思政课师资队伍注入了大量的新鲜血液。其为高职院校思政课实践教学的改革创新奠定了良好的人才基础，要鼓励、支持有想法、想做事的思政课青年教师在实践教学的改革创新方面大胆地试、大胆地闯。每一次的尝试都会为日后思政课实践教学的改革创新积累下宝贵经验。除此之外，思政课教师在不断加强实践教学研究之上，还应该积极参加各种与思政课实践教学有关的培训学习，通过学习培训、学术研讨、同行交流等方式不断拓展自己有关思政课实践教学的视野，学习借鉴有关思政课实践教学的经验和做法，以切实提高自身有关思政课实践教学的设计、组织和实施的能力。

三、完善综合保障

新时代大思政课格局下的高职院校思政课实践教学改革创新应该要跳出单一的思政课教学部门主管而上升为整个学校齐心协力共同推进重要事项之一。其体系的构建除需要有健全的制度和给力的师资队伍作保障之外，还需要完善多方面的综合保障。

一是资金保障。当前，各个高职院校都会按照国家规定按时足额划拨思政课专项经费。随着思政课实践教学的深入开展，可以在思政课专项经费中按比例划拨出专供思政课实践教学使用的经费，并确保专款专用，为思政课实践教学的开展和改革创新提供必要的经费保障，甚至可以在校级科研经费中拿出一定比例专项支持思政课与专业课教师进行“思政课程”与“课程思政”联动的实践教学改革研究。从而激励广大教师和高职大学生积极参与到思政课实践教学实施和研究之中。

二是后勤保障。随着思政课实践教学多方联动的不断深入,在思政课实践教学的过程中还会涉及诸如交通出行、实训场地的使用甚至餐食住宿等诸多后勤保障方面的问题。后勤保障方面的工作虽然可能并不直接显现在思政课的实践教学之中,但却是思政课实践教学中不可缺少的重要隐形组成部分。所以,思政课教师在设计、组织和开展思政课实践教学时必须要将后勤保障方面的诸多工作想在前、做在前。只有不断加强与后勤管理部门的密切合作,才能更好地助力思政课实践教学顺利开展和圆满完成。

三是安全保障。学生的生命财产安全永远都是学校的头等大事,无论思政课实践教学采用何种形式,学生的安全都必须要得到有效的保障,安全问题是以往制约思政课实践教学尤其是校外实践教学开展的重要原因之一。伴随着思政课实践教学形式的不断丰富,交通安全、人身安全、财产安全、食品卫生安全、网络安全等一系列的安全问题都是思政课实践教学在设计、组织和开展过程中必须要细致周全考虑的重要内容之一。加强安全保障,一方面要求思政课教师在实践教学设计的同时也要设计制订有关实践教学安全预案,加强对学生的安全教育。另一方面,还是需要思政课与学校安全保卫部门通力协作,以确保思政课实践教学在学生安全保障方面的万无一失。

四是信息化技术保障。随着信息化技术的飞速发展,借助信息化技术手段的思政课虚拟实践教学已经成为很多高职院校思政课实践教学改革创新探索的重要领域之一。利用信息化技术的思政课虚拟实践教学必然要求学校在信息技术方面的充足保障,一方面表现在硬件设备条件上,需要有可供思政课开展虚拟实践教学的充足的硬件设备保障和虚拟教学资源;另一方面则表现在利用相应的硬件设备和虚拟教学资源开展虚拟实践教学的能力上,思政课教师要不断提高自身运用信息化技术的能力和素养。没有信息化技术方面的保障,思政课虚拟实践教学也就无从谈起。

总之,高职院校思政课实践教学体系需要从制度、师资、资金、后勤、安全、信息化技术等多个方面都进行强有力的保障，方能有效促进思政课实践教学改革创新迈上一个新的台阶。

综上所述，新时代大思政课格局下的思政课实践教学体系的构建是一个庞大的系统的复杂的工程，通过构建“统筹谋划”“多方联动”“多元评价”和“保障有力”高职院校思政课实践教学体系，有助于突破现有的思政课实践教学瓶颈，让思政课实践教学充分凸显职业教育特色，并最终真正形成“三全育人”格局，以贯彻落实好立德树人根本任务。

第六章
高职院校思政课实践教学体系的应用

高职院校思政课实践教学体系构建要最终呈现于当前高职院校所开设的必修思政课的实践教学的运用中,通过实践教学体系的应用最终提升为高职院校思政课的育人效果。基于前述的高职院校思政课实践教学体系构建理念,结合高职院校所开设的必修思想政治理论课教育教学内容和高职学生的具体实际的不同特点,每门课程在具体思政课的实践教学应用也要有所侧重。由于《形势与政策》课授课周期长,教学内容变动性和广泛性强而连贯性、系统性相对不足,课时分散,教师具有流动性这些特点,因此实践教学开展相对阻碍较大。因此,在本章中我们着重选取《思想道德与法治》和《毛泽东思想和中国特色社会主义理论体系概论》进行重点论述。

第一节　在“思想道德与法治”课程中的应用

“思想道德与法治”（后文简称“德法课”）课程是高职学生进入学校后学习的第一门必修的思政课。它是按照《新时代学校思想政治理论课改革创新实施方案》要求在原有的“思想道德修养与法律基础”课程的基础上更名修订的大学生必修的思政课之一，其课程内容继承了原有课程中的精华和理念，凸显了习近平新时代中国特色社会主义思想指导地位，是一门融政治性、思想性、理论性、实践性、时代性、科学性于一体的思政课程。“德法课”主要面对大一入学新生开设，目的在于引导大学生尽快适应人生新阶段，树立远大志向，树立人生目标，加强思想道德修养，树立法治理念，实现社会人角色的改变，适应新时代中国特色社会主义建设的需要，成为社会主义现代化建设事业的合格接班人。此课程集理论性和实践性于一体，具有极强的现实性和针对性，内容也相对贴近大学生的实际困惑。高职大学生只有积极投身于道德和法治建设的实践活动中，修身律己、崇德向善，才能确实促进高尚道德品格的形成和法律素养的提升。按照习近平总书记在2019年3月18日学校思想政治理论课教师座谈会上的重要讲话精神，该门课程的教学目的不仅是要让大学生形成对道德和法律知识的“认知”，更为重要的是要提高道德和法律的自觉践行能力，进行“行为”养成，从而形成良好的道德品质和法律素养。高职大学生只有积极投身于道德和法治建设的实践活动中，讲道德、守法律，才能确实促进高尚道德品格的形成和法律素养的提升。

一、学情状况与实践教学重难点

首先,当前高职学生思想政治状况其主流是好的,在之前的中小学学习和其自身成长过程中都已经有过相关内容的课程学习与接触,对于一些基本知识和道理是有所了解和掌握的,这其实为大学阶段的“德法课”的学习打下了一个良好的基础。但是之前的学习大多停留在应试考试掌握的阶段,并且缺乏足够的理论深度和系统剖析的理解,且实践教学更是少之又少,即使开展实践教学,大多也都以课堂实践为主。因此,作为高职思政课教师要清晰地了解掌握学生的学习情况,了解学生真正的需求和生活实际,尤其在高职第一学期更要回应好学生对于高职生活的期待和憧憬,有针对性地解决好高职学生在学习生活中的困惑,利用好这个关键的过渡时期,让高职学生对于高职阶段的思政课有一个不同以往的全新认识,既消除已往对于思政课的抵触情绪,更为接下来其他思政课程的开展打好基础。其次,当前大多数“00 后”高职学生在日常生活中热爱祖国,并有强烈的民族自豪感,有想法有激情,愿意自主探索尝试新鲜事物,渴望平等及相互尊重,希望通过努力学习并掌握专业技能,来实现自己的人生理想和追求。当然,我们也应清醒地看到,高职院校的学生从学习能力上看,普遍不及普通高校的学生。从自律性上来看,也不及普通高校大学生能够主动学习或者思考问题。在系统学习理论知识的能力方面还存在一些不足,面对“短平快”的新媒体传播平台的冲击,长篇大论的传统思政课的教学是很难满足学生需求的,也不符合新时代下的教育规律。现阶段的国内高职院校专业及课程安排培养技能人才的教学目的比较明显,强调效率和结果,形成了一种“功利化”的教学价值标准体系,这会导致学生思想中出现一部分急于求成和利己主义的情况。最后,“00 后”高职学生的成长过程比较顺利,大部分都是独生子女,缺乏吃苦耐劳的精神,对于集体观念、团队合作方面意识不强,会出现自由散漫,我行我素的情况,由于同学们大多刚刚成年,对于自己作为成年人在道德法律方面的要求规范不是十分了解，也没有一个清晰的认知，对于一些社会风险的辨别抵御能力十分欠缺。因此，面对如此特殊的学情，我们也要正确挖掘不同层次学生的特点，开展适合他们的并且能够在生活中长期养成习惯的高职院校思政课实践教学，以便能够逐渐提高学生的思想性、政治性和道德性。这对“德法课”的实践教学实施提出了更高的要求。

从“德法课”的课程内容来看，实践教学的重点应当放在把正确的道德、法律认知和积极的道德、法律实践紧密结合起来，做到真正将理论知识内化于心、外化于行。但是，当前一些高职院校的“德法课”所开展实践教学的情况并不十分理想。如上文的问卷调查结果所示，高职院校的“德法课”实践教学的形式依然主要集中于诸如小组讨论、社会调研、听讲座、网络问卷调查、参观访问、社团活动、主题演讲、青年志愿活动等传统模式。由于突发疫情、经费和安全等诸多方面的问题，都影响了该课程实践教学活动的组织和开展。这也使得高职大学生参与“德法课”实践教学活动的主动性和积极性受挫，较大地制约了实践教学的效果。课程实践教学的成绩评价也往往局限于考核学生写的调查报告、参观体会的情况，他们在实践教学过程中的表现并没有能够有效纳入课程实践教学成绩的考核中。这样会使学生在实践教学的过程中产生重结果不重过程的错误看法，一切以结果为导向，这严重影响和制约了大学生对实践教学的端正态度。这也和思政课在全过程中立德树人的根本宗旨相背离。所以实践教学重难点在于，如何让各种丰富的实践教学形式为教学服务，而不是沦为一种形式。所以根据课程不同的教学内容安排适当的实践教学形式，挖掘符合各高职院校自身实际情况特色教学内容，让高职大学生对既有参与感并且还有获得感的实践教学主题产生兴趣，探索一套校内外联动贯通的实践教学评价体系，是把握好该课程实践教学设计的核心。

二、实践教学设计与实施

(一)实践教学设计的基本原则

在实践教学的总体设计上,要贴合高职院校自身实际和学生的实际情况,紧紧围绕围绕高职院校“德法课”的教学实际进行全面谋划,制订统一的教学大纲,明确实践教学目的、主题,整体项目的安排、可行的实践教学计划、相对完善的实践教学评价考核体系。实践教学项目的设计原则要以解释和阐明理论为根本目的,运用理论去解决现实中的问题为根本导向,围绕所学习的理论,在学生实际能力的基础上设计相应的实践主题和方式。同时在实施过程中应当遵循任课教师负责与学生自我管理相结合原则、课堂教学内容与实践内容同步进行原则、学生独立进行与小组合作相结合原则、实践内容个性化原则。

(二)教学主题形式选取与学时安排

以 2021 版“德法课”教材为例,可将课程章节划分为人生教育板块、爱国教育板块、价值观教育板块、道德教育板块和法治教育板块五大板块,根据课时安排我们在实践教学中将这五大板块进行整合,将实践教学设计为三个专题,人生价值专题,道德教育专题和法治教育专题开展与各板块内容相对应的实践教学项目,进行项目化管理。本课程总计 48 学时,其中设计安排实践教学 16 学时,包括课内实践教学和课外实践教学。课内实践教学由任课教师在课堂中随堂组织进行,一次实践活动一般不超过 8 分钟。演讲和说课活动以学生个人为单位上台表演,每次课以 2—4 名学生为宜;现实情景表演和辩论等活动由同学在开课后一周内以 4—8 人为一组自由组队报授课教师安排。然后根据分组名单在每次课前一周通知所轮小组成员做好课内实践准备。课外实践教学主要围绕课程教学内容，结合学生的生产实习、专业实习和课外生活及节假日时间，采取集中与分散相结合的办法，有计划、有组织地进行。课外实践教学分为全校统一组织的课外实践教学和教学老师指导下的各班、小组自行安排的分散实践教学。每学期学生参加实践活动共三次，每个专题一次。其中课内实践和课外实践必各选一次，另外一次可自由选择。由学生根据自己的情况自由选择，独立或按最低人数限制组成小组共同完成（每学期每人至少完成一次与他人合作的小组形式的实践项目）。

首先，建议根据课时要求每个板块设计选取1—2个形式的实践教学，进行清单式列举，注明参与形式、成果展示期限、评价考核标准等，向学生公布实践教学具体安排。主题不宜过大，要从学生的实际生活实际和自身情况出发，充分考量学生的实际能力，避免过于宏大的选题。给同学以充分的自主选择权，让他们根据自身兴趣和能力进行项目的选择，成为课程的主人。老师可根据自身情况设置本学期学生实践教学的次数，也可在其中设计必选项目和自选项目，满足各种层次专业的教学需求。

其次，内容的选取和挖掘始终牢记形式为内容服务的根本宗旨。对接专业，思政实践项目的整体设计上，必须突出实践教学内容的针对性，在选取实践教学主题前必须要注重实践课内容与不同专业的专业知识相对接，按照不同专业的特点有的放矢地设计相应的实践教学的内容，如艺术专业，可设置思政主题艺术展或设计比赛，用自己所学的专业知识去参与到实践教学活动中去，以此为契机进一步激发学生对所学专业的热爱，增强对于自身技能的自信心和自豪感，在此过程中不断提升他们的职业素养。理工科专业可以安排参观校史馆或者校内大国工匠的事迹展览等多种形式，做到精准教学。

最后，教师在此基础上进行主题形式的调整，可结合学校实际情况和学生专业情况，在对大一新生第一学期的实际教学时长和学生专业情况充分了解的情况下进行。建议以课堂实践形式为主，课外实践主要考虑在校内进行实践。一方面旨在通过校内实践帮助大一新生熟悉校园环境，适应大学生活；另一方面,通过丰富多彩的实践课程形式,使新生能够树立一个对思政课的良好印象和观感。打破过去先入为主的对于思想政治理论课的偏见,也为接下来理论性更强的其他思想政治理论课打下一个好的实践教学基础。

在人生价值专题,课内实践可以安排与项目相关的课堂讨论、课堂辩论赛等形式。每个同学都能在积极地参与讨论过程中提高认识水平,教师根据每章教学目的,在每章节中选取教学内容中与高职大学生密切联系的社会热点现象,确定若干讨论话题,学生根据论题自我学习,自我收集、分析、整理材料,初步形成自己的观点并选取展示形式,教师上课时展示一些与论题相关的背景资料,学生根据背景资料和自己收集的材料展开小组讨论(每小组 2—5人),形成小组认识;最后由各小组代表登台发表观点(其他成员可以补充发言)、其他小组可互动讨论并表达自己的观点。或者可以以辩论赛的形式进行观点展示。最大限度地调动每一名学生的学习积极性,集中实现知识传授、能力培养和价值观教育三大功能。而规定时间的主题演讲则可以很好地锻炼大家在短时间内观点表达能力和语言组织能力,同时在搜集素材和资料的过程中进一步加深对于理论知识的深入了解和感悟。比如,如何看待年轻人的"躺平"现象?爱国是一种责任吗?这类主题都很适合以上形式来开展。而课外实践模块可以设置"我的一日大学生活"短视频展示活动,引导学生认识高职这一人生新阶段,珍惜校园生活,并对优秀作品在微信群或课堂上进行展示,对于优秀作品可在学校内进行展播。同时也可以结合学生的专业特点进行一些具有时代意义和思想意义或者主题性的作品设计和创作,比如组织开展"社会主义核心价值观宣传展板设计比赛",让学生通过设计将 12 个词的含义理解透彻核,同时鼓励大家将自己所学技能运用到实践中,亲手设计美化校园环境,以及设置经典诵读、红色故事比赛、开展于本项目相关的社会调研主题并进行汇报展示等。对于其中的优秀作品,可与学校学工组织、相关学院进行全校的展示和相关素质教育分数的加分,提高大家参与的积极性。

<table>
<tr><th>专题</th><th>理论教学内容</th><th>实践教学形式</th><th>限制人数</th><th>计划学时</th></tr>
<tr><td rowspan="4">人生
价值</td><td>第一章
领悟人生真谛
把握人生方向</td><td rowspan="2">课内实践：
1. 课堂讨论
课堂辩论赛
相关主题演讲
经典诵读，撰写好书推荐</td><td rowspan="2">1—4 人
辩论赛
10 人</td><td rowspan="2">3</td></tr>
<tr><td>第二章
追求远大理想
坚定崇高信念</td></tr>
<tr><td>第三章
继承优良传统
弘扬中国精神</td><td rowspan="2">课外实践：
1. “我的一日大学生活”
短视频展示活动
2. “社会主义核心价值观”
校园宣传展板设计比赛</td><td rowspan="2">1—5 人</td><td rowspan="2">3</td></tr>
<tr><td>第四章
明确价值要求
践行价值准则</td></tr>
</table>

道德教育专题设置优秀校友访谈和参加优秀毕业生的报告会，利用校内的众创空间，进行模拟创业企划案比赛，在就业创业方面进行教学实践，实施职业道德的实践活动；以我最敬佩的职业人寻访、道德模范人物寻访等形式，引发高职大学生对于职业的深入思考。同时实践教学可以和劳动教育相结合。按照 2020 年 3 月 20 日中共中央国务院印发的《关于全面加强新时代大中小学劳动教育的意见》对构建德智体美劳全面培养的教育体系提出相关意见。很多职业院校都陆续开设了相关劳动课程。在这样的背景下，在校内开展“最美校园劳动者”摄影比赛并在五一劳动节期间进行展览，与学校相关学生管理部门开展“文明宿舍”“劳动模范班”等评比活动，打造热爱劳动、劳动光荣的校园文化，形成良好的校园风尚，在劳动中树立正确的价值观，珍惜劳动成果，享受劳动成果成为青年大学生的自觉追求。参观校内相关展览和工坊，在校内，深入挖掘校园内已有的优质资源，发挥职业院校校内独特的资源优势，与其他校内学生管理部门建立良好密切的联系。比如利用职业院校的独特优势，参观相关工匠精神展览或工坊，将弘扬工匠精神，尊崇技能的优秀文化融入思政实践教学中去。

专题	理论教学内容	实践教学形式	限制人数	计划学时
道德教育	第五章 遵守道德规范 锤炼道德品格	课内实践： 优秀校友访谈和优秀毕业生的报告会 校园不文明现象大调查 创业企划案比赛	1—4 人	2
		课外实践： “最美校园劳动者”摄影比赛， 文明宿舍评比 我最敬佩的职业人寻访、 道德模范人物寻访 参观校内相关展览和工坊	1—5 人	3

法治教育专题，可以由教师提供一个具体的案例，展示案情，组织引导高职大学生进行讨论。在让学生对案例进行分析、探讨并解决具体问题过程中，获得法治思维启迪和训练，提高学生的法律应用素质和能力。或者在课堂上进行宪法日知识问答比赛或者民法典相关法律常识问答，在紧张刺激的比赛的氛围中，获得法律知识的提升和法治素养的提高。同时充分利用好校内资源，在校内进行法律庭审的模拟，学生可以在老师的指导下进行“模拟法庭”实践教学，这样就可以在校园内让同学直观和感性地体验法院审理案件的完整过程，并在其中巩固学习到的法律知识，而且能够让他们在情景模拟中体会到法律的权威性和神圣性，从而增强尊法学法守法用法的意识。但是在进行模拟法庭实践教学时，应该注意的是能参与到模拟法庭实际庭审过程中的同学毕竟是少数，有些同学也不愿意参与模拟法庭角色的扮演和排练。其他未参与庭审过程中的学生在其他同学正式进行模拟法庭表演和展示时只是抱着看热闹的心态，也没有认真观看，甚至在做其他事情。这就丧失了开展实践教学的意义，成了“为实践而实践，为模拟而模拟”的形式主义实践教学。所以，在开展模拟法庭实教学过程中，除参与案件庭审的学生外，还要尽可能地多开发出新的角度让更多的学生参与其中的。比如，从媒体角度去写一篇关于案件的报道或者社评，而不是写一篇观看体会上交作业应付了事。同时还可以

鼓励学生们自导自演法律情景剧,在此过程中收获各方面能力的提高。

专题	理论教学内容	实践教学形式	限制人数	计划学时
法治教育	第六章 学习法治思想 提升法治素养	课内实践: 1. 案例分析 2. 法律情景剧展示	1—4 人	2
		课外实践: 3. 模拟法庭 宪法日知识问答比赛	视模拟案件性质和复杂程度定	3

总而言之,在整体设计中,教师应注重课堂实践和课外实践的比例安排和分配,理论教学与实践教学的衔接与联系,让实践教学更好地为理论教学服务。在本学期结束后可以安排假期实践作业,利用假期实践走出校门进行实践,并将本学期实践课程中学到的知识运用到暑期实践作业中,也完成与后续要学习的思政课实践教学的有序衔接。

(三)实践教学的组织实施

实践教学的有效组织实施是发挥思政课实践教学实效性的重要环节。单一的实践教学方式不利于提高学生对于思想政治理论相关知识内容的兴趣,高职院校思政课教师需要对传统的实践教学模式重新进行思考并进行革新。课内外实践教学主要围绕课程教学内容,结合高职大学生的生产实习、专业实习和课外生活及节假日时间,采取集中与分散相结合的办法,有计划、有组织地进行。分散实践由学生个人或小组在教师指导下自行安排,集中实践由思政课教学部统一组织,指导教师由本思政课课程任课教师担任。在实践教学项目下发过程中首先要明确给学生讲清实践的目的和意义是什么,要达成什么样的目标,防止实践教学沦为敷衍了事的社会实践。并明确该实践项目的形式与内容,即是一人单独还是小组共同完成,限制人数是多少;实践教学的打分标准,由谁参与评定等细节;该实践教学成果在什么时间什么方式进行作品展示等。要让学生以项目管理的方式参与到实践教学过程中,让学生在实践教学的互动中学会和他人合作,增强责任感。

以开展微视频,摄影展等类型的实践活动为例,首先需要确定主题,如开展以“社会主义核心价值观”为主题的微视频摄影比赛对学生进行社会主义核心价值观、道德观教育。在活动实施初期就需要明确作品形式要求、提交时间、评审规则、展示时间地点、鼓励机制等细节。比如由学生个人或小组方式(不超过5人)将其在日常生活学习和社会实践中的所见,随手拍摄成微视频或照片集,并附视频或照片内容解读和个人看法,题目自拟。微视频和照片应选取有教育意义的真实生活事件和现象,题材可以分为两类:一是“感动人心”类:主要展示生活中向善、向上的一面,以弘扬真、善、美为主,激发人们主动践行社会主义核心价值观;二是“发人深省”类,主要拍摄生活中不文明、不雅观的事件,以批评脏、乱、差为主,警示人们主动培育社会主义核心价值观。微视频时间限制在30—60秒,拍摄工具不限(手机、照相机、摄像机等均可),格式不限,但内容须清晰可辨。微视频和照片必须是日常生活中的真实捕捉,不允许创作和假拍,对微视频的艺术性和观赏性不作要求。微视频则要求以“培育和践行社会主义核心价值观”为主题,以现实生活中的相关事件和现象为题材,经过艺术加工创造,自编自导、拍摄和制作微电影,题目自拟。作品要有完整的故事情节、一定的可观赏性和艺术性,包括画面、音乐、音效、字幕等元素,画质清晰,声音达标,表现形式不做特别限定,作品时长5—10分钟。在规定时间内上交给授课教师,收集整理后在班上展示,由老师和同学共同评选优秀作品,将被推荐参加学校优秀成果展示,给予分数鼓励。

如果是社会调查类的实践活动则需要提前下发参考选题供学生选择,调研课题由思政课老师结合教学内容和时事热点拟出提供学生参考选取,学生亦可以自拟题目,但须取得思政课老师的认可。每个题目有组数限制,尽量避免重复。同时,教师须进行相关辅导,内容包括:如何进行资料收集与整理、调查研究方法选择、问卷设计、调研报告格式及撰写。3—6人一组,由学生在班级内自由组合,每一小组推荐1名组长。在规定时间将分组情况(各小组人数、组长和组员姓名）和小组选题交指导教师。在选题确定之后，小组应制定详细的调查研究计划，成员应有明确的分工，并有阶段性目标和具体任务，调研小组利用寒假假期在自定调研地点、调研时间内着手调研。调查的形式不限，但是相关统计数据和走访原始记录等资料需和调研报告一起上交。

最后调查小组就所调研课题写出一份3000~4000字的调研报告。报告内容要言之有物，反映真情实感，禁止抄袭现象；实践过程必须实事求是，禁止虚假行为。一经发现有抄袭现象和弄虚作假行为者，取消该小组本次实践成绩。在提交调研报告的同时，还应提交相关附件材料包括：①调研报告形成过程的说明书，包括开过几次讨论会，讨论的记录，向什么人进行了调查，调查人数，采用了什么方式进行调查，收集了哪些资料，参考了哪些文献资料等。②形成调研报告的有关调查资料（如调查问卷）和参考资料（复印件或网上下载资料）。③小组成员分工说明书，包括小组成员在社会调查与调研报告形成过程中所起的作用，如小组长姓名，报告执笔人，小组成员各自承担的任务。④小组成员以社会调查方式进行课程实践教学的心得体会和反思等。在组织实践教学过程中应当始终牢记组织规范、参与广泛、实施有效的基本原则，打破过去传统的流于形式的实践模式，让课程实践教学得以充分发挥自身优势，更好地辅助理论教学的进行。因此思政课教师在组织实施实践教学过程中更多的是作为一个引导者和服务者的身份，而非单一的指挥者。在学生对实践教学出现困惑和阻碍的时候适时给予帮助，更多的是要给予学生自由发挥的空间与余地。从而有效培养高职大学生发现问题、分析问题、解决问题的能力，促进学生强化责任心、上进心、诚信等品质。只有这样才能充分体现受教育者在整个学习活动中的主体地位，积极在实践活动中加强与学生的互动交流，进一步了解当前学生对于相关知识理论的掌握程度。

二、实践教学的效果评价

实践教学是高职大学生将理论学习和实践履行结合起来的非常重要的教

学方式，对于大学生的成长成才具有非常重要的意义。为了推动和促进高职大学生积极参与实践教学工作，还需要构建一个科学、合理的学业成绩评价机制。为了更科学、客观地评价实践教学效果，效果评价方式不能是传统的书面考核，而应该是一个过程性评价和终结性评价相结合的全面评价体系，要注重对学生的多元化、过程化评价。实践教学的效果要从受教育者的思想和行动上去评判，所以细化实践过程考核的各项指标包括对学生课堂互动表现、社会时间参与、思政课程论文等全方位的综合考核，避免了以一张考试试卷或者一份实践报告来评价学生学习成绩的片面性。在评估大学生的学业成绩时，不仅要对大学生的教学结果进行评价，也要对大学生参与教学的过程予以关注。例如，不管是在课堂教学还是在实践教学中，“德法课”教师不仅要进行知识传授和指导，而且要对高职大学生是否遵纪守法、文明礼貌等实际行动予以关注；对于做得好的予以鼓励，对于做得不好的予以批评指正，并在核算平时成绩时给予相应的加分或者减分；并且教师应该将平时表现成绩及时反馈给学生，调动学生认真参与实践教学的兴趣和主动性。

在评价考核方式上，除了传统的教师评价，还可以增添学生自评、互评、小组评价、实践单位评价等多种方式，能从不同角度认清自身的优缺点，激励自身思想政治的成长，确保对学生思政理论实践学习评价的客观全面，也有助于教师及时发现实践教学的不足之处，促进高职思政理论课教学的不断创新改革。

首先要明确的是考核形式学分和课时规定都是为了使高职大学生重视该课程，确保学生积极参与学习。学分和课时的安排则主要是针对教师而言的，避免出现教师敷衍教学这一现象。教师也一定要有详细的教学计划和丰富的教学内容，学校可以组织教师之间互相点评，使思政课程实践教学不会流于形式。

其次是对于学生学习成效的考评。思政课实践教学成绩至少应该分为两个维度去评价，一部分是教师评价，另一部分是学生的自评或互评，根据实践项目的不同特点调节两部分的比例，形成相对全面的效果评价。实践教学由学生完成后，思政课教师要及时进行考核评价，优点要重点说，同时及时指出存在的问题，为学生做好指导，促进学生不断进步。学生学习成果的考评内容主要包括学生线下和教师的交流情况、学生实践项目完成度及学生参加相关实践活动的表现等，教师通过对学生这些方面的考评，能使学生学习成果考评更为客观和公正。考核评价教师不能做单一评价，还应加入学生自评或互评，例如设置讨论“选出你最欣赏的一组作品并进行评价”等，这能够让学生根据平台上其他同学的反馈，对自己的实践成果进行再次修正。一方面加强交流学习，另一方面调动学生努力完成好实践任务的积极性。来自同学的肯定，可以提升自信心、提升自我认同感，也激励更多的同学以优秀实践作业为衡量标准，在反思中进步。最终根据两项成绩汇总出最终成绩，按一定比例评出奖项，并将结果在班级里和班级群里公布，将优秀作品在平台上传展示。总之，就是要运用多种评价方式，更加全面、客观地评价大学生的学习，促使高职大学生不仅重视理论学习，也积极地参与实践教学活动，注重将知识转化为自身的素质。通过实践教学活动，不仅能够增长和巩固学生思想道德和法律知识，而且将这些知识内化于心，外化于行，从而切实提高学生的思想道德素质和法律素养。

最后是实践教学与理论教学的比重分配，怎样与常规课堂教学中产生的成绩进行换算和协调，既然实践教学重视过程评价，那么在整门课的考核评价标准中，实践教学的比重应当与理论教学的比重保持一个相当的比例。同时对于学生上交的实践项目中的过程性材料，也要给予反馈和分数上的体现，而不是单纯只看报告是如何的，对于支撑结论的过程性数据是否真实，有无弄虚作假的情况也应当作为评价标准和尺度进行考核。对于优秀的实践项目成果，在过程中一定要善于挖掘，给予能力范围内最大的肯定，并且尽量利用合理恰当的方式扩大他的影响力和传播力，对优秀作品进行展示，为学生搭建更大的舞台去进行实践，而不是仅仅局限在课堂中，提高学生参与的积极性。历年的优秀作品也应当及时进行归档,积累优秀实践项目成果库,一方面充实教学资源,另一方面也可以向学生进行优秀作品的展示,向优秀的作品成果靠拢,也给予在实践过程中的学生一个清晰的方向。

第二节　在"毛泽东思想和中国特色社会主义理论体系概论"课程中的应用

"毛泽东思想和中国特色社会主义理论体系概论"(后文简称"概论课")课程是高职大学生在大学一年级的第二期要学习的一门必修思政课。其是按照《关于进一步加强和改进高等学校思想政治理论课的意见》文件要求,伴随着我国马克思主义中国化实践不断深化发展而同步调整完善的一门思政课程。同样也具有很强的政治性、思想性、时代性、理论性、方法性和科学性。本课程全面概述了习近平新时代中国特色社会主义思想的深刻含义、形成和发展道路、科学体系、指导意义、基本观点以及中国特色社会主义建设的路线方针政策。通过讲授中国共产党把马克思主义基本原理同中国具体实际相结合的历史进程,使大学生深刻理解马克思主义与时俱进的理论品质,准确把握马克思主义中国化的基本规律和经验,充分认识在当代中国坚持和发展马克思主义指导中国特色社会主义伟大实践的重要意义。帮助大学生正确认识自身所肩负的历史使命,从而树立正确的世界观、人生观、价值观,努力培养德智体美全面发展的、有理想、有道德、有文化、有纪律的社会主义事业的建设者和接班人。

一、学情状况与实践教学重难点

如果说“德法课”主要对学生进行思想教育、道德教育、法制教育,目的是提高学生的思想道德素质,那么“概论课”是在此基础上对学生进行思想政治教育、理想信念教育、国情教育,主要目的是提高学生的思想政治素质。前者主要侧重于道德教育,后者主要侧重于思想政治教育。但是两者共同的目的是将学生培养成有理想、有道德、有文化、有纪律的“四有”新人,培养德、智、体全面发展的中国特色社会主义合格建设者和可靠接班人。经过之前的“德法课”的学习和实践项目的锻炼,逐渐熟悉的大学学习生活,为“概论课”实践教学的开展打下了一个好的基础。但是与“德法课”课程内容贴近学生生活实际不同,“概论课”具有更强的理论性和抽象性,同时教学内容会涉及我国过往的发展历程以及我国在不同时期的政策方针的沿革,学习掌握起来是有不小的难度的。正因如此,该课程的实践教学部分的设计实施才显得尤为重要。而实践教学的重点应当放在帮助大学生正确认识和了解基本国情和社会主义建设发展的客观规律,培养学生学会运用马克思主义的立场、观点和方法科学看待问题、分析问题、解决问题的能力。坚定在中国共产党的领导下走中国特色社会主义道路的“四个自信”,并付诸实践。“概论课”相较于之前的“德法课”有些理论相对理论和抽象,不容易被理解,因此该课程的实践教学设计中既要避免内容和形式上的重复,做好课程之间的有效衔接,同时又要通过生动多样的实践教学形式把理论抽象知识讲深讲活,真正做到入脑入心。

二、实践教学实施

(一)实践教学设计的基本原则

“概论课”作为“德法课”的后继课程,所以在之前实践教学的基础上,在该门课程的实践教学设计中,可以选取一些难度更高,更考验团队合作的项目作为实践教学的主要形式。新时代高职学生不应局限在校园内,校园不是最后的终点,最终的目的是走向社会,成为一个关心政治、社会发展、用自己的力量建设国家的社会中坚力量。思想政治实践教学的最终目的就是将理论知识转化为驱动学生全面发展的动力,在实践教学中立足于社会热点,通过开展社会热点事件的调研讨论等系列活动,让学生在了解社会热点问题的同时,增强对事物的判断能力、坚定社会主义的政治立场。比如通过课前时事评论,增强大家对于国家大事的关注,培养大家的总结概括和分析能力。或者是通过学生志愿者服务活动在实践活动中体验服务他人、服务社会,不断增强社会责任感。对于学生自发的志愿行为学校应大力宣传,并在考核中给予肯定,这些身边的榜样往往更能对学生起到正面的激励作用。在此基础上逐步健全实践教学评价体系和学分互认互换的规定。

总体上实践教学的设计要遵循学生的学习认知规律,设计互动性较强、特色鲜明的主题实践活动。通过社会实践加深对课本上枯燥理论的理解,增强了理论的实践转向。帮助学生树立正确的世界观、人生观,加深学生对课堂教学所学知识的理解和领会,进一步了解历史、了解社会;培养学生运用马克思主义立场、观点、方法来看待、分析与解决问题的能力。在实践中树立科学的世界观、价值观与人生观,从而自觉以马克思主义中国化的理论成果武装头脑,将其作为自己认识世界和改造世界的理论武器,使高职大学生真正成为中国特色社会主义道路的坚定的维护者和实践者。因此高职思政课教师不仅可以根据不同专业设置不同实践教学内容,还可以借助一些先进的教学设备增强实践教学的趣味性和体验性,创设相关情境,充分调动学生学习课程内容的主观能动性,让全体学生充分参与整个实践环节。因此对于教学安排和计划必须要充分考虑到其操作性和普适性,避免使实践教学沦为少部分同学参与的形式主义实践。

(二)教学主题形式选取与学时安排

由于本课程内容丰富,总学时64学时,在内容较多课时有限的情况下,建议安排18学时左右的实践教学项目。教师可以降低频次,精选一些主题进行针对性的实践,尽量选取一次覆盖多人的实践活动进行。同时随着高职学生对于高职大学生活的逐步适应,可以适度增加课外实践项目的比重。在实践教学中,要把握好教学的尺度,在实践教学中力求和理论教学一样,保持本门课程的整体脉络和体系性,这就要求实践项目的安排也要具备一定的条理性和科学性。要紧密联系课程目标和学生学习特点及成长基本规律,科学安排,张弛有度,避免因教师个人喜好和专长偏好对实践教学安排的印象。以“概论课”为例,本书教材分为三大篇共十四章,其中包括习近平新时代中国特色社会主义思想篇七章。每个篇章的实践教学安排要做到理实结合,相互呼应。同时又要突出特点避免雷同。根据马克思主义中国化这一主题主线开展实践教学。

实践项目形式	对应教材篇目	计划学时	参与人数
时事新闻播报	习近平新时代中国特色社会主义思想篇	4	每组2人
VR资源参观红色展馆	毛泽东思想篇	3	全员覆盖
改革开放——我眼中的家乡巨变演讲	邓小平理论、“三个代表”重要思想科学发展观篇;习近平新时代中国特色社会主义思想	3	每组1—4人
校园环保主题活动策划案评比	习近平新时代中国特色社会主义思想篇	6	每组1—4人
“我来说两会”	习近平新时代中国特色社会主义思想篇	2	每组1—4人
暑期三下乡活动和其他社会实践	习近平新时代中国特色社会主义思想篇	-	可视学校具体情况

在专题内容的选择上,教师紧密结合教材内容,继续在内容上深挖联系学生实际、社会热点相关的主题,把握时代脉搏。在“概论课”教学过程中很多历史事件贯穿始终,因此可以开展历史重要事件再回顾的活动。加强党史、新中国史、改革开放史、社会主义发展史教育和爱国主义、集体主义、社会主义教育。传承红色基因,将知识体系转换为信仰体系,让高职大学生在实践中与祖国发展同频共振。随着学习的不断深入,能力的不断提高,安排鼓励学生参与校内外多种形式社会实践活动,在校内外实践项目的设计上和学工部门、学生社团以及校外实践基地协同发力是必不可少的,因此在实践项目的安排和设计上要设置难度梯度。同时对于学生自发参与的校外实践活动,教师应当给予鼓励并在实践教学的评价考核中给予充分的肯定。借此利用好学生的课上时间和课后时间,安排合理,在设计安排好的课时范围内,完成实践项目的学习,尽量不给学生添加过多的负担,从根本上消除学生的抵触心理,实现知行统一、虚实联动,达到实践教学的根本目的。

(三)实践教学的组织实施

对于日常课堂教学当中,可以在节课的前几分钟设置每周时事短评的课堂实践项目,并贯穿整个学期的教学,即两人一组进行搭档进行,自行选择一周内国内外的新闻事件进行评述,一人介绍情况,一人做短评,时间 5 分钟,覆盖全班。之后思政课老师和其他同学可以就学生的介绍作简要点评和体会分享。同时对于优秀的短评,可以同校广播电台进行联系,提供广播稿件,在全校范围进行展示。这种时政评论一方面是与“概论课”课程内容相吻合的,另一方面,这对帮助高职大学生正确认识和了解基本国情和社会主义建设发展的客观规律,培养运用马克思主义的基本观点、立场、方法掌握看待问题、分析问题、解决问题的能力是十分有帮助的。

另一方面随着计算机网络技术的迅猛发展,越来越多的高职院校利用“互联网+”的技术,打造数字化实践教学中心。对于开展利用网络云场馆或者依托学校 VR 基地资源开展红色教育基地参观的实践形式，数字展览馆、网上红色文化体验馆、云党史教育基地纷纷涌现，将虚拟现实技术引入思政课实践教学，推动了实践教学现代化，不仅革新了教学模式，也为广大师生的教学比赛、主题实践等活动提供了重要技术支撑，提高了师生思政课的获得感和体验感。一定程度上解决了校外社会实践覆盖面窄、学生安全等问题，为实践教学的全面覆盖和推广提供了重要的基础。经过多年的探索和发展，也积累了一定的资源，技术也日渐成熟。但是实施和组织的散乱、雷同、不协调的情况依旧存在，没有体现特定的教学目标和学生的成长规律和实际需求。“00 后”大学生是伴随着互联网的成长发展起来的一代，网络已经成为他们获取知识和信息的最主要的来源和途径，在一定程度上网络已经成为影响新时代大学生成长的最重要的因素。要充分利用好“互联网+”“智慧+”等信息化技术手段，组织实践教学活动。比如 VR 版本的重走长征路，可以让他们全程与红军们一起共同作战，同甘共苦，以第一或第三人称去参与或学习体验历史，化解以往沉闷无趣的思政教学方式，化被动为主动，以沉浸式、互动性的体验学习，了解革命先烈们的不易和新民主主义革命道路的艰难曲折。创新的虚拟仿真思政实践教学模式，解决了组织困难、学习形式单一、培训成果无法展示等问题。并且在实践中也可以设计重游革命历史故地的活动，提供参观者和讲解员的双重视角，接受同学个人或小组报名，让同学化身讲解员，为班上其他同学讲解相关知识。利用好 VR 虚拟仿真资源，使学生不出校园就可以接受红色文化的洗礼，在对历史事件材料信息搜集、整理的过程中，提高对历史事件的关注度和兴趣，增强民族自信心和自豪感。让他们在了解和辨析历史事件的时候，更好地去了解国家、了解社会，以史为鉴，增强自身的使命感和认同感。培养学生勇于奉献，勇于作为的国家情怀，坚定共产主义信念，为社会主义事业发奋学习，增长才干。但是在该实践教学过程中，还必须要意识到思政课虚拟实践教学的内容展开要与课程内容紧紧相连，网络技术始终是辅助性手段，在教学中应当合理适度使用，避免本末倒置，导致学生被形式吸引全部注意而忽略实际授课目的。比如参观红色教育基地,参观只是其中一个方面,更重要的是参观游览的过程中,教师的讲解和与同学的提问互动,因此教师在设计相关类型的实践项目的时候,要把握好时间尺度,合理地安排参观的进度,适时穿插讲解互动和提问环节。

在改革开放部分可以设置我眼中的家乡巨变主题的演讲,通过年轻一代的生活视角去看待改革开放给国家发展人民生活带来的巨变,思政课教师可以在课程开课之初就提前给学生布置相关任务;以组为单位,每组推荐 1—2 名主讲选手,以演说的形式展示他们眼中家乡和自己生活的变化,可以是文字、图片、视频等方式,也可以是访谈形式,将采访家中长辈的过程用视频记录下来跟大家分享展示,形式不限。小组其他同学查找、筛选资料,组织讲稿,设计课件,制作视频,配合互动分工合作完成这一实践。各组长须上交本组活动总结(全程记录),所有作品(文档、照片、视频等)上交、存档;须体现集体协作精神,各组同学按抽签顺序上台,进行演说。结束后,各组还需上交一份实践活动的活动的总结反思,300—500 字即可。在此过程中,尤其是材料的来源和出处,要提醒学生收集材料的时候注意甄别。而且,教师要注意跟踪实践活动的过程,比如在组织调研展示的过程中,学生的合作情况,项目进展要及时进行跟踪,有效发挥实践教学的教育功能,避免出现活动布置下来之后不管不问的情况出现。而结束后,实践总结反思的提交,也有助于学生看到自己实践中的不足和他人的可取之处,在反思的过程中,总结经验教训,进一步成长。

充分利用校园文化、学生社团等资源拓展思政课实践教学内容和路径,激发高职大学生参与思政课实践教学的主动性,调动学生学习和参与实践教学的积极性和创造性,这是思政课实践教学的根本目的所在。如以生态文明建设这一主题中开展校园环保主题活动策划案评比。以小组为单位进行策划汇报,各小组在策划过程中、制作过程中巩固了关于生态文明理念和我国生态文明建设的基本国策等理论知识,又结合学习和生活实际指出其中的不足,并结合校园实际情况,策划校内环保主题活动,强化了学生的责任担当和统筹协调能力。通过策划比赛的随机提问环节，考查学生的知识储备和临场反应能力，掌握了活动策划方案的撰写和展示模式，大大提升了学生的实践能力和创新能力。选取策划优秀的方案给予支持，和校内环保相关的学生社团一起真正在校园中开展活动，或者挖掘其中好的创业和想法，鼓励他们和自己的专业做结合，与所在学院的专业课教师进行沟通协作，参加创新专业大赛，在更大的舞台上进一步锻炼学生的实践能力和沟通能力，做到了增强大学生的“四个自信”，筑牢信仰之基、补足精神之钙、把稳思想之舵，通过实践教学与校园文化活动联动，巩固好高校思政课立德树人的主渠道主阵地的作用，同时发挥环境育人，全程育人的真正作用。或者是依靠习近平新时代中国特色社会主义思想研究会，红岩精神宣讲小组等学生社团来开展实践教学活动。学生社团根据自身的特点，同时结合课堂实践主题，有针对性地开展实践活动。社团成员和思政课老师约定好主题和时间，进入班级进行理论宣讲活动，学生在老师的指导下进行选题、备课，到宣讲，这样既达到锻炼自己、培养自己能力的目的，又能进一步理解和把握思想政治理论课的内容。

高职院校的“概论课”所开设时期恰逢每年的两会，在每年的两会结束后，可以在课堂上安排的“我来说两会”新闻发布会的实践活动，将两会中国家和社会发展的几大热点问题分组认领，各组同学以小组为单位查阅该年度“两会”的报告和小组选择的对应部分，进行资料收集。以抽签形式，各组派1—2名代表轮流上台充当“发言人”角色，接受其他的同学采访和提问，每组的时间为5分钟，根据提问的同学和发言人的现场问答和表现来给予分数的评价。结束后老师进行点评，各组撰写活动心得，将两会关注的热点来进行交流，在这个过程中相互学习取长补短，提高当代大学生对国家时事的关注和对社会的高度责任感。将学生看到社会民生，大众传媒的视角有选择性地引入到课堂中来，引发学生的讨论和思考。营造生动活泼的课堂气氛，提高课堂教学的吸引力，更能激发学生的学习热情，将学生的学习融入课程的教学中，使学生的主体作用得以发挥，从而增强课程教学效果。在实践教学实施过程中，教师要对实践活动涉及的内容材料，尤其是相关素材的选取格外注意尺度问题和引导学生的问题，要有高度的政治敏锐性，要关注学生的思想动态，避免历史虚无主义的错误观念对学生的影响。在这方面教师要做好引路人和守门人的角色。在实践过程中学生的一些困惑疑问要及时反馈并给予指导。

实践教学在全校的开展离不开校内其他学生管理部门、二级学院的大力配合与协调。可以结合各自专业的课外实践项目如暑期三下乡、青年志愿者活动，作为实践教学的有益补充。可以考虑和学生管理部门开展合作，方便实践课程的高效开展。适时也可以和二级学院学展相关课程活动的学分互认模式，对于学生顶岗实习，参与大型志愿者服务、校史馆讲解、劳动教育等学生素质教育活动在课实践教学中可以互认，一方面鼓励学生用自己所学服务社会，在相关专业实践中同样收获思想上的成长和进步，另一方面，也减轻了学生的负担。关于暑期校外实践基地的选择及实践教学基地的选择应坚持从实际出发，把握需要性、教育性、典型代表性等原则。可以选择一些生产经营有突出成就的企业和事业单位、发展比较完善的城市社区以及新农村建设示范点作为固定的实践教学基地。职业教育培养人才最终是要接受社会检验的。高职学生接受高职教育最终的目的是为走上具体的工作岗位做准备。所以各类社会主体都可以成为学生社会实践活动的载体，也会最终成为获益的主体。因此，企事业单位、社区与学校的资源整合，最后达到的是学生、学校和社会三方共赢的局面。同时利用好职业学院的独特优势，实现“思政课程+课程思政”的资源共建共享。思政课实践教学是增强理论阐释力，增强学生政治认同的重要途径，“双高计划”院校应充分利用“双高专业”的资源，在思政课实践教学中，充分利用高水平专业群的实践基地资源，拓展思政课实践教学基地。比如笔者所在学校的眼视光学院每年开展的社区义务眼科检查和眼科知识讲座、艺术学院的学生中文化下乡等活动，都能让学生在这样的社会实践中形成乐于助人、踏实奉献的价值取向，用自己的所学回报社会。做好思政实践教学与专业课的精准对接，促进专业与实践有效延伸，令二者有效共存，发挥好协同育人的作用。

三、实践教学的效果评价

对于“概论课”这样理论性强的课程，实践教学效果的评价应当建立在过程与结果、理论与实践、态度与成效的综合考量之上，在成绩评价中要坚持“强化过程、弱化结果；鼓励参与、端正思想；注重理论、不忘实际；掌握知识、培养能力”的原则与做法。具体而言，评价过程中参与互动、讨论发言、课堂作业等情况的评分应与参与学校组织的主题教育活动、担任青年志愿者、参加公益活动、考察调研等社会实践后，撰写的调查报告或学习体会等书面报告的相关实践成果的成绩相结合。形成对学生综合素质的全面考核，营造严谨的教学氛围，增强教学实效性的重要环节。但是单纯靠统计调研报告、统计参与实践活动的次数等静态指标来评判学生的实践情况存在着很大的局限性，忽略了过程评价的重要意义。应当同样着重考查学生分析问题和解决问题的能力，更加全面客观地评价学生实践教学的成效。比如通过布置调研报告来锻炼学生收集资料、归纳论点、表达观点的能力。要尽可能鼓励他们在准备过程中多表达自己的观点，相互交流并要求学生留下相应的文字材料。思政课教师依照学生在实践过程中的表现就要给出相应等级的评价和反馈，而不是只看调研报告的呈现。不同的实践项目，也要根据不同的情况，设计不同的评价指标，进行阶段性、过程性、结果性的自评、互评，使学生对自己的实践能力和创新能力得到全方位的认知和训练，帮助他们找差距、补短板、强弱项。唤起高职大学生对于国家大事的关注和内心深处的家国情怀，使他们认识到它距离我们的生活并不遥远，只有胸怀天下事，才能以更清晰的角度明白自己所处的历史阶段，在新的时代找准自己的发展方位，和国家一同成长，成就自己的人生。这样才能使高职大学生真正认识到此课的重要性，接受教育，学习、掌握和运用马克思主义的世界观和方法论，回答和解决他们在成长过程中所面对的各种现象、问题。

同时由于课时有限的原因，应当鼓励学有余力的高职大学生参加其他实践活动与素质教育、劳动教育等活动进行学分互换。建立健全“概论课”与专业课程实践环节联合考察模式。各个专业课的实践活动注重考核的是学生在专业上的实践技能和运用能力，想实现这一点，首先各学校马克思主义学院要与学校其它学院进行课程资源的沟通和共享，在此基础上再进行时间教学的设计和安排。同时落实国家课程思政的相关文件精神要求，发挥思政课和专业课相结合的协同育人模式。在了解专业实践环节内容的基础上有针对性地进行“概论课”实践环节的设计。对于“概论课”实践环节的具体考核方式，教师可以在实践环节结合学生的专业实践环节内容作出一定的部署和布置，确定评价标准和比例，有效地整合校内现有的资源，让思政课实践教学真正发挥实效，真正融入高职学生的心中。灵活的考核评价机制，更加人突出以学生为中心的人性化的根本宗旨。这种统筹安排既要体现在各个学期之间衔接安排上，更要体现在实践活动评价的跟踪上，可以让高职学生在系统化的实践中得到全面的提高。

除此之外，就高职院校思政课实践教学的整体而言，还可以建立健全各专业班级全体任课教师的实践教学档案和成绩交接制度。面对任课教师每学期的流动和轮换，要做好相关成绩的记录和归档。便于接下来的任课教师及时精确地了解该专业班级的实践开展情况，有针对性地开展接下来的实践项目。实践活动的各个环节应当做到全程留痕，实践环节不是简单的走走玩玩，而是带着考察目的、实践目标的有意识的活动。任课教师应指导学生对实践活动中的所有环节进行全程记，并且全程给予学生以指导。实践环节的各个阶段，任课教师应该参与到过程中，并做好实践指导记录。但是要注意参与尺度，应当牢记以学生为主体的实践原则，避免过分干预，使学生在实践活动中充分发挥主观能动性。同时基于实践活动的预期效果及时对学生反馈作出预判和调整。在每学期末进行反思和总结，并在此基础上对下一学期的实践教学计划和安排及时作出相应的调整，以保证实践教学的时效性和针对性。实践教学结束后，还要对实践活动开展情况进行复盘总结，对于过程表现给予平时成绩的评价，学生也要进行自评和反思。对于实践成果要及时给予评价反馈和展示，尽可能地做到规范化、标准化、确保每一个活动项目都有组织、有计划、有步骤、有评价标准，避免计划的杂乱无章、实施得过严或者过松、评价的任意性过强。协同推进，实践教学的开放性、互动性和先进性大大增强，自我教育、相互学习的天地更加广阔，使思政课的传播力更强，影响力更大。使得思政课实践教学真正成为深受学生喜爱的课程，引导他们树立报效祖国的远大志向、蓬勃向上的精神风貌、自强不息的意志品格、甘于奉献的思想境界，实事求是的科学态度，使他们更好地肩负起第二个百年奋斗目标实现的重任。

总而言之，党和国家对高校思政课实践教学工作给予了高度的关心、重视和支持。建立起一个“统筹谋划”“多方联动”“多元评价”和“保障有力”高职院校思政课实践教学体系，既是落实党和国家加强高校思政课实践教学的文件精神要求，也是各高职院校思政课实践教学改革创新的必由之路。其不仅顺应了当前高职教育和思政教育教学发展的趋势，也能够满足高职大学生日益增长的美好学习需求，对于提升高职院校思政课教学的吸引性、生动性和实效性都具有十分重要的意义。因此，推动高职思政课实践教学的改革创新时不我待、势在必行。但我们也要看到，高职院校思政课实践教学的改革创新绝不是一件轻而易举就能完成的事情，它涉及诸多因素和方面，如实践教学目标、实践教学主体、实践教学组织管理等，再加上高职院校的人才培养定位、专业设置、师生状况等都有别于普通高校的特点。只有清晰了解和准确认识了高职院校的这些特点之后，再通过认真分析这些特点和因素之间的相互关系，并将其重新进行有效整合，才能真正推动高职院校思政课实践教学朝着科学、高效、有序的方向发展。

在高职院校思政课实践教学改革创新中，应积极树立大思政格局，对实践教学模式、教学方法、教学理念等多方面进行创新，融入更多新的理论内容，以增加实践教学的吸引力，使学生在思政课实践教学的学习过程中的思维能力与学习能力都得到有效提升。而在实践教学活动中，应加强对当前教育现状的深入了解，灵活运用教学创新发展的理念，不断优化当前实践教育模式，摸索新的实践教学内容与路径，为学生健康成长打下坚实的基础。

本书就是立足于当今时代背景下高职院校思政课实践教学已取得的经验和所面对的问题与困境，深入挖掘高职院校思政课实践教学系统构建的时代意义，探索高职院校思政课实践教学理论体系与运行机制，为高职院校思政课实践教学改革创新的整体性和实效性突破作出了一些有益的探索和尝试。相信在各方发挥系统合力，协同育人的基础上，从实践教学的课程目标、人才队伍、教学形式、组织管理、资源保障、考评反馈等方面来进行下一步的改进和完善，高职院校思政课实践教学一定能够更上一层楼，高职院校的思政课在多元文化与各种社会思潮的不断冲击下坚定地发挥好立德树人的主渠道、主阵地作用。当然，高职院校思政课实践教学的改革创新探索需要一个过程，不可能一蹴而就。各高职院校的思政课实践教学都可以根据其学校实际、学生实际不断地探索形成具有自身特色的思政课实践教学模式，发挥自身优势和特点摸索出一套行之有效的实践教学课程体系，为新时代思想政治课实践教学改革创新开辟新思路、引领新方向。

参考文献

[1]马克思恩格斯选集:第1—4卷[M].北京:人民出版社,1995.

[2]习近平.习近平谈治国理政[M].北京:外文出版社,2014.

[3]习近平.习近平谈治国理政第二卷[M].北京:外文出版社,2017.

[4]习近平.习近平谈治国理政第三卷[M].北京:外文出版社,2020.

[5]习近平.思政课是落实立德树人根本任务的关键课程[M].北京:人民出版社,2020.

[6]本书编写组.习近平总书记教育重要论述讲义[M].北京:高等教育出版社,2020.

[7]教育部课题组.深入学习习近平关于教育的重要论述[M].北京:人民出版社,2019.

[8]中国教育科学研究院,新锦成研究院:2020中国职业教育质量年度报告[M].北京:高等教育出版社,2021.

[9]上海市教育科学研究院,麦可思研究院:2019中国高等职业教育质量年度报告[M].北京:高等教育出版社,2019.

[10]刘剑飞.基于高职院校技术技能人才培养的思政教育教学效果提升研究[M].长沙:中南大学出版社,2019.

[11]饶旭鹏,刘海霞.理工科大学思政课实践教学的理论与实践研究[M].北京:人民日报出版社,2019.

[12]教育部高等学校教学指导委员会,普通高等学校本科专业类教学质

量国家标准[M].北京:高等教育出版社,2018.

[13]施索华,裴晓涛.新时代高校思政课的“打开方式”[M].桂林:广西师范大学出版社,2018.

[14]李东清.高校思想政治理论课分类实践教程(第3版)[M].南昌:江西人民出版社,2018.

[15]徐雁,冯清,余虹.思政实践课实训指南[M].武汉:武汉大学出版社,2018.

[16]谢传仓.高校思政政治教育社会实践教学探索[M].沈阳:东北大学出版社,2016.

[17]朱永新,王继平.中国教育改革大系职业教育卷[M].武汉:湖北教育出版社,2016.

[18]陈英杰.中国高等职业教育发展史研究[M].郑州:中州古籍出版社,2007.

[19]李蔺田.中国职业技术教育史[M].北京:高等教育出版社,1994.

[20]中华人民共和国教育部计划财务司:《中国教育成就统计资料1949—1983》[M].北京:人民教育出版社,1984.

[21]何小刚,顾建伟.争鸣与革新(新形势下高校思想政治课教学改革研讨会论文集)[C].上海:上海社会科学院出版社,2018.

[22]中国职业技术教育学会课题组,于志晶,刘海,程宇,李玉静,岳金凤,孟凡华,房巍.从职教大国迈向职教强国——中国职业教育2030研究报告[R].职业技术教育,2016(6).

[23]赵春玲,逄锦聚.“大思政课”:新时代思政课改革创新的重要方向和着力点[J].思想理论教育导刊,2021(8).

[24]张玉华.高职院校思政课开展工匠精神教育的必要性、着力点与实施路径[J].思想理论教育导刊,2021(5).

[25]蒋旭东.在新阶段扎实推动高校思政课高质量发展[J].思想理论教

育导刊,2021(1).

[26]徐蓉,周璇.善用“大思政课”推进教学改革创新[J].思想理论教育,2021(10).

[27]蔡文成,张艳艳.高校思想政治理论课实践教学的逻辑关系辨析[J].思想理论教育,2021(7).

[28]孟宪生.新时代高校思想政治理论课高质量发展的重要部署——《新时代学校思想政治理论课改革创新实施方案》解读[J].思想理论教育,2021(6).

[29]石书臣,曾令辉.推进新时代大中小学思想政治理论课一体化建设[J].思想理论教育,2021(6).

[30]佘双好,张琪如.高校思想政治理论课课程评价的特点及改革路径[J].思想理论教育,2021(3).

[31]韩宪洲.改革创新是思政课建设的活力源泉[J].中国高等教育,2021(5).

[32]莫茜.抓好新时代高校思政课实践教学创新[J].中国高等教育,2021(2).

[33]王立.情境学习理论视域下高校思政课教学创新论析[J].思想政治教育研究,2021(2).

[34]胡培业,雷云:加强高职院校课程思政建设的有效进路[J].学校党建与思想教育,2021(20).

[35]冯刚,陈梦霖.高校思政课实践教学的内涵、价值及其实现[J].学校党建与思想教育,2021(18).

[36]武永亮,武传鹏.基于课程特点的高校思政课实践教学模式新探[J].学校党建与思想教育,2021(18).

[37]李亚美,姜天宠.高校思政课实践教学与第二课堂的功能定位及其协同[J].学校党建与思想教育,2021(18).

[38]卓高生,李云.新发展阶段高校思政课实践教学创新发展研究[J].学校党建与思想教育,2021(18).

[39]张莎莎.基于项目化教学的高职院校思政课教师实践教学能力提升研究[J].学校党建与思想教育,2021(18).

[40]沈步珍,罗锐.马克思主义实践观对高校思政课实践教学模式建构的启示[J].学校党建与思想教育,2021(14).

[41]王斌.思政课实践教学应处理好几个关系[J].学校党建与思想教育,2021(8).

[42]谢珍萍,邵雅利.思政课实践教学培育大学生制度自信探究[J].学校党建与思想教育,2021(8).

[43]查广云.高职思政课"虚实融合、理实一体"体验式教学模式探析[J].中国职业技术教育,2021(14).

[44]王秀霞.高职院校思政课混合式教学模式研究与实践[J].职教论坛,2021(4).

[45]陈静,刘秀伦.四贯通五融合:思政课实践教学生态圈构建与实践——基于行动研究法的实证研究[J].职业技术教育,2021(20).

[46]王金玲,卜振友.一体化视域下思政课实践教学探究[J].中学政治教学参考,2021(12).

[47]陈宝生.新时代建设教育强国的根本指针[J].求是,2020(17).

[48]陈锡喜,董玥.论思政课守正创新的"重要基础"和"根本保证"[J].思想理论教育导刊,2020(7).

[49]张风池.学校德育活动与思政课的协同创新研究[J].中国高等教育,2020(17).

[50]何益忠,周嘉楠.思政课实践教学:概念辨析与体系创新[J].中国高等教育,2020(6).

[51]何益忠.论思政小课堂同社会大课堂结合的价值意蕴和实践路径

[J]. 思想理论教育,2020(10).

[52]佘双好,王珺颖. 新时代思想政治理论课建设的新举措与新变化[J]. 思想理论教育,2020(5).

[53]王喜满,黎亚茹. 高校思想政治理论课“三三制”实践教学模式探索——以辽宁大学思政课改革为例[J]. 思想政治教育研究,2020(5).

[54]丁晓东,子华明. 深化高校思政课教学改革的三个触动点[J]. 思想政治教育研究,2020(4).

[55]王兰. 体验式教学融入高校思政课的三个基本点[J]. 思想政治教育研究,2020(3).

[56]惠朝阳. 高职院校构建“大思政”课程育人模式的探索与实践[J]. 中国职业技术教育,2020(5).

[57]储水江,高顺起,尹家德. 论高职院校思想政治理论课实践教学的“转型升级”[J]. 中国职业技术教育,2020(1).

[58]曾青生,孙园,曾娜. 五大发展理念引领下提升高职学生思政课获得感的思考[J]. 教育与职业,2020(10).

[59]曹顺,丁志卫. 高职院校思想政治理论课实践教学探析[J]. 教育与职业,2019(11).

[60]鲁继平. 新时代高职思政课考核评价模式创新探究[J]. 教育与职业,2019(3).

[61]曹月柱,胡方明. 应用型院校思政课互联互融实践教学模式探索[J]. 职业技术教育,2018(20).

[62]鲁继平. 互联网时代高职思政课“四·四·二·三”实践教学模式创新[J]. 教育与职业,2018(8).

[63]杨金土. 20 世纪我国高职发展历程回顾[J]. 中国职业技术教育,2017(9).

[64]习近平. 略论《关于费尔巴哈的提纲》的时代意义[J]. 中共福建省委

党校学报,2001(9).

[65]习近平在全国教育大会上的讲话[EB/OL].(2018-09-11).http://edu.people.com.cn/n1/2018/0911/c1053-30286253.html.

[66]习近平在全国高校思想政治工作会议上的讲话[EB/OL].(2016-12-08).http://www.gov.cn/xinwen/2016-12/08/content_5145253.htm#2.

[67]习近平对职业教育工作作出重要指示[EB/OL].(2021-04-13).http://www.qstheory.cn/yaowen/2021-04/13/c_1127324420.htm.

[68]2021年政府工作报告[EB/OL].(2021-03-05).http://www.gov.cn/guowuyuan/zfgzbg.htm.

[69]2020年政府工作报告[EB/OL].(2020-05-22).http://www.gov.cn/guowuyuan/2020zfgzbg.htm.

[70]2019年政府工作报告[EB/OL].(2019-03-05).http://www.gov.cn/guowuyuan/2019zfgzbg.htm.

[71]中国统计年鉴2020[DB/OL].(2020-09-01).http://www.stats.gov.cn/tjsj/ndsj/2020/indexch.htm.

[72]中国统计年鉴2019[DB/OL].(2019-09-01).http://www.stats.gov.cn/tjsj/ndsj/2019/indexch.htm.

[73]中国统计年鉴2016[DB/OL].(2006-09-01).http://www.stats.gov.cn/tjsj/ndsj/2016/indexch.htm.

[74]中国统计年鉴2011[DB/OL].(2011-09-01).http://www.stats.gov.cn/tjsj/ndsj/2011/indexch.htm.

[75]中国统计年鉴2006[DB/OL].(2006-09-01).http://www.stats.gov.cn/tjsj/ndsj/2006/indexch.htm.

[76]高等学校思想政治理论课建设标准(2021年本)[EB/OL].(2021-11-30).http://www.gov.cn/zhengce/zhengceku/2021-12/18/content_5661767.htm.

[77]关于推动现代职业教育高质量发展的意见[EB/OL].(2021-10-12).http://www.gov.cn/gongbao/content/2021/content_5647348.htm.

[78]职业教育专业目录(2021 年)[EB/OL].(2021-03-17).http://www.moe.gov.cn/srcsite/A07/moe_953/202103/t20210319_521135.html.

[79]新时代学校思想政治理论课改革创新实施方案[EB/OL].(2020-12-22).HTTP://WWW.MOE.GOV.CN/SRCSITE/A26/JCJ_KCJCGH/202012/T20201231_508361.HTML.

[80]深化新时代教育评价改革总体方案[EB/OL].(2020-10-13).HTTP://WWW.MOE.GOV.CN/JYB_XXGK/MOE_1777/MOE_1778/202010/T20201013_494381.HTML.

[81]职业教育提质培优行动计划(2020—2023 年)[EB/OL].(2020-09-16).HTTP://WWW.GOV.CN/ZHENGCE/ZHENGCEKU/2020-09/29/CONTENT_5548106.HTM.

[82]普通高等学校马克思主义学院建设标准(2019 年本)[EB/OL].(2020-06-11).https://marx.gznu.edu.cn/info/1751/4278.htm.

[83]高等学校课程思政建设指导纲要[EB/OL].(2020-05-28).HTTP://WWW.GOV.CN/ZHENGCE/ZHENGCEKU/2020-06/06/CONTENT_5517606.HTM.

[84]关于加快构建高校思想政治工作体系的意见[EB/OL].(2020-04-22).HTTP://WWW.GOV.CN/ZHENGCE/ZHENGCEKU/2020-05/15/CONTENT_5511831.HTM.

[85]关于全面加强新时代大中小学劳动教育的意见[EB/OL].(2020-03-20).HTTP://WWW.GOV.CN/ZHENGCE/2020-03/26/CONTENT_5495977.HTM.

[86]普通高等学校本科专业目录(2020 年版)[EB/OL].(2020-02-21).http://www.moe.gov.cn/srcsite/A08/moe_1034/s4930/202003/t20200303_

426853. html.

[87]新时代高等学校思想政治理论课教师队伍建设规定[EB/OL].(2020-01-16). HTTP://WWW. MOE. GOV. CN/SRCSITE/A02/S5911/MOE_621/202002/T20200207_418877. HTML.

[88]教育部办公厅关于做好扩招后高职教育教学管理工作的指导意见[EB/OL].(2019-12-25). HTTP://WWW. MOE. GOV. CN/SRCSITE/A07/MOE_737/S3876_QT/201912/T20191227_413753. HTML.

[89]深化新时代职业教育“双师型”教师队伍建设改革实施方案[EB/OL].(2019-08-30). HTTP://WWW. MOE. GOV. CN/SRCSITE/A10/S7034/201910/T20191016_403867. HTML.

[90]教育部关于职业院校专业人才培养方案制订与实施工作的指导意见[EB/OL].(2019-06-11). http://www. moe. gov. cn/srcsite/A07/moe_953/201906/t20190618_386287. html.

[91]关于深化新时代学校思想政治理论课改革创新的若干意见[EB/OL].(2019-08-14). HTTP://WWW. GOV. CN/ZHENGCE/2019-08/14/CONTENT_5421252. HTM.

[92]普通高等学校思想政治理论课教师队伍培养规划(2019—2023年)[EB/OL].(2019-04-18). HTTP://WWW. MOE. GOV. CN/SRCSITE/A13/MOE_772/201904/T20190428_379873. HTML.

[93]关于在院校实施“学历证书+若干职业技能等级证书”制度试点方案[EB/OL].(2019-04-04). http://www. moe. gov. cn/srcsite/A07/moe_953/201904/t20190415_378129. html.

[94]教育部　财政部关于实施中国特色高水平高职学校和专业建设计划的意见[EB/OL].(2019-04-01). http://www. moe. gov. cn/srcsite/A07/moe_737/s3876_qt/201904/t20190402_376471. htm.

[95]中国教育现代化2035[EB/OL].(2019-02-23). http://www. gov.

cn/zhengce/2019-02/23/content_5367987. htm.

[96]加快推进教育现代化实施方案(2018-2022年)[EB/OL].(2019-02-23). http://www. xinhuanet. com/2019-02/23/c_1124154405. htm? tdsourcetag=s_pcqq_aiomsg.

[97]国家职业教育改革实施方案[EB/OL].(2019-02-13). http://www. gov. cn/zhengce/content/2019-02/13/content_5365341. htm.

[98]中华人民共和国高等教育法[EB/OL].(2019-01-17). http://www. moj. gov. cn/Department/content/2019-01/17/592_227076. html.

[99]教育部关于加快建设高水平本科教育全面提高人才培养能力的意见[EB/OL].(2018-10-08). HTTP://WWW. MOE. GOV. CN/SRCSITE/A08/S7056/201810/T20181017_351887. HTML.

[100]教育信息化2.0行动计划[EB/OL].(2018-04-18). HTTP://WWW. MOE. GOV. CN/SRCSITE/A16/S3342/201804/T20180425_334188. HTML.

[101]关于加强新时代高校"形势与政策"课建设的若干意见[EB/OL].(2018-04-13). HTTP://WWW. MOE. GOV. CN/SRCSITE/A13/MOE_772/201804/T20180424_334097. HTML.

[102]新时代高校思想政治理论课教学工作基本要求[EB/OL].(2018-04-13). HTTP://WWW. MOE. GOV. CN/SRCSITE/A13/MOE_772/201804/T20180424_334099. HTML.

[103]高校思想政治工作质量提升工程实施纲要[EB/OL].(2017-12-05). HTTP://WWW. MOE. GOV. CN/SRCSITE/A12/S7060/201712/T20171206_320698. HTML.

[104]关于加强和改进新形势下高校思想政治工作的意见[EB/OL].(2017-02-27). HTTP://WWW. GOV. CN/XINWEN/2017-02/27/CONTENT_5182502. HTM.

[105]普通高等学校高等职业教育(专科)专业设置管理办法,[EB/OL].(2015-10-28).http://www.moe.gov.cn/srcsite/A07/moe_953/201511/t20151105_217877.html.

[106]普通高等学校高等职业教育(专科)专业目录(2015年)[EB/OL].(2015-10-28).http://www.moe.gov.cn/srcsite/A07/moe_953/201511/t20151105_217877.html.

[107]教育部等部门关于进一步加强高校实践育人工作的若干意见[EB/OL].(2012-01-10).HTTP://WWW.MOE.GOV.CN/SRCSITE/A12/MOE_1407/S6870/201201/T20120110_142870.HTML.

[108]教育部关于全面提高高等职业教育教学质量的若干意见[EB/OL].(2006-11-16).http://www.moe.gov.cn/s78/A08/moe_745/tnull_19288.html.

[109]普通本科学校设置暂行规定[EB/OL].(2006-09-28).HTTP://WWW.MOE.GOV.CN/S78/A03/GHS_LEFT/S181/201006/T20100602_88612.HTML.

[110]中华人民共和国职业教育法[EB/OL].(2005-05-25).http://www.gov.cn/banshi/2005-05/25/content_928.htm.

[111]中华人民共和国职业教育法[EB/OL].(2022-04-20).http://www.npc.gov.cn/npc/c30834/202204/04266548708f44afb467500e809aa9cf.shtml.

[112]关于进一步加强和改进高等学校思想政治理论课的意见[EB/OL].(2005-02-07).HTTP://WWW.MOE.GOV.CN/SRCSITE/A13/MOE_772/200502/T20050207_80415.HTML.

[113]普通高等学校高职高专教育指导性专业目录(试行)[EB/OL].(2004-10-22).http://www.moe.gov.cn/srcsite/A07/moe_953/200410/t20041022_110109.html.

[114]关于进一步加强和改进大学生思想政治教育的意见[EB/OL].(2004-10-15). HTTP://WWW. MOE. GOV. CN/JYB_XWFB/GZDT_GZDT/MOE_1485/TNULL_3939. HTML.

[115]教育部关于以就业为导向 深化高等职业教育改革的若干意见[EB/OL].(2004-04-02). http://www. moe. gov. cn/s78/A07/zcs_left/moe_737/gzjy_qt/tnull_9969. html.

[116]国务院关于大力推进职业教育改革与发展的决定[EB/OL].(2002-08-24). http://www. gov. cn/gongbao/content/2002/content_61755. htm.

[117]教育部关于加强高职高专教育人才培养工作的意见[EB/OL].(2000-01-17). http://www. moe. gov. cn/srcsite/A08/s7056/200001/t20000117_162628. html.

[118]中共中央、国务院关于深化教育改革,全面推进素质教育的决定[EB/OL].(1999-06-13). http://www. moe. gov. cn/jyb_sjzl/moe_177/tnull_2478. html.

[119]中国教育改革和发展纲要[EB/OL].(1993-02-13). http://www. moe. gov. cn/jyb_sjzl/moe_177/tnull_2484. html.

[120]国务院关于大力发展职业技术教育的决定[EB/OL].(1991-10-17). http://www. moe. gov. cn/s78/A07/s8347/moe_732/tnull_816. html.

[121]普通高等学校设置暂行条例[EB/OL].(1986-12-15). http://www. moe. gov. cn/s78/A02/zfs__left/s5911/moe_620/tnull_3134. html.

[122]中共中央关于教育体制改革的决定[EB/OL].(1985-05-27). http://www. moe. gov. cn/jyb_sjzl/moe_177/tnull_2482. html.

后　记

自党的十八大尤其是党的十九大以来,以习近平同志为核心的党中央始终高度重视思想政治理论课建设和职业教育发展,天津作为首都“政治护城河”和“国家职业教育改革创新示范区”,在推动高职教育落实立德树人根本任务方面理应肩负起应有的使命和责任,在推进高职教育思政课实践教学改革创新方面更应该先行先试。自此委托课题立项以来,我校上下高度重视此课题研究,尽最大努力为课题研究的顺利开展和进行提供各方面的保障。在课题立项研究近两年后研究成果初步形成之时,参与课题研究的全体思政课教师既感到无比激动,也忐忑万分。激动于两年间努力研究的收获和不少心得与经验,忐忑于某些研究方面还不够深入细致,与领导、专家和广大读者的期望还有一些距离。我校全体思政课教师将以此次课题研究为契机,继续总结经验、补齐短板、再接再厉,为高职思政课实践教学改革创新和落实立德树人根本任务做出应有贡献。

本书在研究过程中不仅参考了相关领域很多专家、学者的研究成果,还邀请了全国诸多思政课同行参与到课题研究的问卷之中,为课题研究提供了一手的数据资料,也将我校思政课教师在实践教学改革创新方面的一些经验心得进行了总结和提炼。在此要向直接或者间接为课题研究提供帮助的所有专家、学者、同行表示最诚挚的感谢。由于水平能力有限,错误难免,还望各位专家、学者、同行以及广大读者批评斧正。